Das Buch
In einem strengen Winter hoch oben im Norden Alaskas wird ein Nomadenstamm der Athabasken von einer Hungersnot heimgesucht. Das Verlassen des Winterlagers und die Suche nach neuer Nahrung soll einen Ausweg bieten. Wie es das Stammesgesetz vorsieht, beschließt der Häuptling, zwei alte Frauen als unnütze Esser zurückzulassen. Keiner wagt es, dagegen aufzubegehren. Nicht einmal die Tochter der einen, auch sie muß sich bestürzt dem Beschluß beugen.

Als die beiden Frauen allein und verlassen in der Wildnis auf sich gestellt sind, geschieht das Erstaunliche: Statt aufzugeben, finden sie den Willen und den Mut, sich der Herausforderung zu stellen. Der anfängliche Zorn weicht dem puren Willen zu überleben. Nach und nach erinnern sie sich der Fähigkeiten, die sie früher einmal besessen hatten, die sie aber im Laufe der Jahre vergaßen, da die Jüngeren die Nahrungsbeschaffung übernahmen.

Diese Legende von Verrat und Mut wurde von Generation zu Generation überliefert, und auch Velma Wallis hat sie von ihrer Mutter erzählt bekommen.

Die Autorin
Velma Wallis, 1960 als eines von dreizehn Kindern in Fort Yukon, Alaska, geboren, wurde in den traditionellen Werten ihres athabaskischen Volkes erzogen. Nach dem Besuch der High-School zog sie in eine Trapperhütte und lebt dort seit zwölf Jahren allein mit ihrer Tochter wie ihre indianischen Vorfahren. *Zwei alte Frauen* ist ihr erstes Buch, das gleich nach seinem Erscheinen 1993 den ›Western States Book Award‹ erhielt. Eine Verfilmung ist vorgesehen.

Ihr zweiter Roman, *Das Vogelmädchen und der Mann, der der Sonne folgte,* ist im Diana Verlag erschienen.

VELMA WALLIS

ZWEI ALTE FRAUEN

Eine Legende von
Verrat und Tapferkeit

Aus dem Amerikanischen
von Christel Dormagen

Illustriert
von Heinke Both

WILHELM HEYNE VERLAG
MÜNCHEN

HEYNE ALLGEMEINE REIHE
Nr. 01/13368

Titel der Originalausgabe
TWO OLD WOMEN

Umwelthinweis:
Dieses Buch wurde auf
chlor- und säurefreiem Papier gedruckt.

Taschenbuchausgabe 12/2000
Copyright © 1993 by Velma Wallis
Copyright © der deutschsprachigen Ausgabe 1994 by
Ingrid Klein Verlag GmbH, Hamburg
Wilhelm Heyne Verlag GmbH & Co. KG, München
Printed in Germany 2000
http://www.heyne.de
Umschlaggestaltung: Hauptmann und Kampa
Werbeagentur, CH-Zug, unter Verwendung eines Gemäldes
von Félix Vallotton,
»Interieur, Roter Sessel und Personen«, 1899
Innenillustration: Heinke Both
Druck und Bindung: Elsnerdruck, Berlin

ISBN: 3-453-18693-1

Inhalt

Vorwort 7

Zur Landkarte 11

Danksagungen 15

1 Hunger und Kälte fordern ihren Tribut .. 17

2 »Laß uns handelnd sterben« 31

3 Besinnung auf alte Fähigkeiten 43

4 Eine mühselige Reise 57

5 Ein Fischvorrat wird angelegt 81

6 Das Volk trauert 93

7 Das Schweigen wird gebrochen 105

8 Ein neuer Anfang 119

Über das Gwich'in-Volk 131

Nachwort der Herausgeberin 135

Widmung 141

Vorwort

Jeden Tag nach dem Holzhacken saßen wir in unserem kleinen Zelt an der Uferböschung des Porcupine-Flusses, dort wo er in den Yukon mündet, und plauderten miteinander. Immer endete es damit, daß Mom mir eine Geschichte erzählte. (Ich war wahrhaftig längst kein Kind mehr, und meine Mutter erzählte mir immer noch Gutenachtgeschichten!) Eines Abends war es eine Geschichte, die ich zum erstenmal hörte – die Geschichte von zwei alten Frauen und ihrer Reise durch große Mühsal.

Sie war ihr wieder in den Sinn gekommen, während wir Seite an Seite Holz für den Winter sammelten. Nun saßen wir auf unserem zusammengerollten Bettzeug und staunten darüber, daß Mom, die jetzt Anfang Fünfzig war, diese harte Arbeit immer noch schaffte, während die meisten Menschen ihrer Generation sich längst mit dem Altsein und all seinen Einschränkungen abgefunden hatten. Ich sagte zu ihr, ich würde im Alter gern so sein wie sie.

Es hatte damit begonnen, daß wir uns zu erinnern versuchten, wie es einst gewesen war. Meine Großmutter und all jene anderen Alten aus der Vergangenheit hatten so lange gearbeitet, bis sie sich nicht mehr rühren konnten oder bis sie starben. Mom war stolz darauf, daß sie mit so manchen Altersbeschwerden fertig wurde und sich immer noch ihr Winterholz selbst beschaffen konnte, obwohl diese Arbeit körperlich anstrengend und manchmal regelrecht quälend war. Während wir so in Erinnerungen versunken waren, fiel Mom eben diese Geschichte ein, weil sie so gut zu dem paßte, was wir in jenem Augenblick dachten und fühlten.

Später, in unserer Winterhütte, schrieb ich die Geschichte auf. Sie hatte mich beeindruckt, nicht nur weil sie mir eine Lehre erteilt hatte, die ich für mein Leben gebrauchen konnte, sondern auch weil es eine Geschichte über mein Volk und meine Vergangenheit war – etwas über mich selbst, das ich packen und mein eigen nennen konnte. Geschichten sind Geschenke älterer Menschen an junge. Leider werden derlei Gaben heute sehr viel seltener verschenkt und empfangen, da ein Großteil unserer Jugend mit Fernsehen beschäftigt ist und atemlos versucht, mit dem modernen Leben Schritt zu halten. Doch vielleicht werden ja morgen einige wenige aus der heutigen Generation, die noch für die Weisheit der Alten empfänglich sind, jene von Mund zu Mund überlieferten Geschichten in ihrem Gedächtnis bewahren. Und vielleicht wird die Generation von morgen wieder begierig nach Geschichten wie dieser sein und so die eigene Vergangenheit, das eigene Volk und, wie ich hoffe, auch sich selbst besser begreifen lernen.

Gelegentlich werden Geschichten über eine bestimmte Kultur von jemandem erzählt, der selber einer anderen Lebenstradition angehört, und es kommt vor, daß er ihren Inhalt falsch deutet. Das ist tragisch. Wenn sie erst einmal auf dem Papier stehen, werden derartige Überlieferungen gern für historisch verbürgt gehalten, doch womöglich stimmen sie gar nicht immer. Die folgende Geschichte von den zwei alten Frauen stammt aus einer Zeit lange vor dem Einbruch der westlichen Zivilisation, und sie ist von Generation zu Generation weitergereicht worden, von einer Person zur nächsten, bis hin zu meiner Mutter und schließlich zu mir. Auch wenn ich beim Niederschreiben meine schöpferische Vorstellung habe mit einfließen lassen, so bleibt es doch die Geschichte, wie sie mir erzählt wurde. Und ihr Sinn ist genau so erhalten, wie Mom wollte, daß ich ihn verstehe.

Diese Geschichte hat mich gelehrt, daß den eigenen Fähigkeiten keine Grenzen gesetzt sind, wenn es darum geht, das im Leben zu vollbringen, was man muß – schon gar nicht durch das Alter. In jedem menschlichen Wesen auf dieser weiten, komplizierten Welt ruht eine erstaunliche Anlage zur Größe. Doch nur selten haben diese verborgenen Gaben die Gelegenheit, sich zu entfalten. Manchmal ist es allein der Zufall des Schicksals.

Zur Landkarte

Die Wege auf dieser Karte sind einer regulären Landkarte des Gebiets der Yukon-Tiefebene entnommen; meine Mutter hat bei der Übertragung geholfen. Die Winterfährten sind im Detail historisch nicht korrekt, zeigen aber im Überblick die Gebiete, die das Volk der Gwich'in in all den Jahren vor dem Einbruch der westlichen Zivilisation zu durchqueren pflegte.

Der Weg nach Christian Village ist eine Winterfährte, die aus der Karte der Yukon-Tiefebene stammt, und der Weg nach Chalkyitsik beschreibt die Route, die Mae Wallis für mich gezeichnet hat. Sie gibt den Verlauf wieder, an den meine Mutter sich erinnert. Heute verläuft der Weg nach Chalkyitsik anders als auf dieser Karte, weil das Land und die alten Pfade immer wieder durch Waldbrände zerstört und verändert wurden. Das Gwich'in-Volk hat viele verschiedene Sommer- und Winterrouten benutzt, doch im Laufe der Jahre gerieten diese Wege in Vergessenheit, sie wurden durch Naturereignisse verändert, oder nachfolgende Generationen haben Abkürzungen geschaffen.

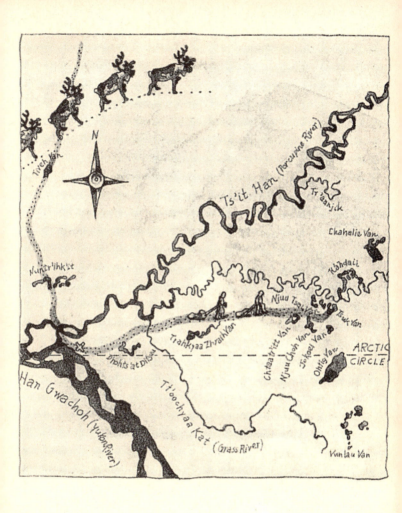

Danksagungen

Die meisten Künstler und Künstlerinnen wissen, daß ihnen ohne eine Reihe anderer Menschen ein bestimmtes Kunstwerk nicht gelungen wäre. Was mich und diese Geschichte anbetrifft, so ist die Liste lang und bunt, und ich würde all diesen Menschen gerne auf folgende Weise danken.

Zuerst danke ich dir, meiner Mutter, Mae Wallis. Ohne dich gäbe es diese Geschichte nicht, und ich hätte auch nie den Wunsch gehabt, Geschichtenerzählerin zu werden. All jene vielen Nächte, die du uns mit Geschichten vertrieben hast, sind mir kostbar.

Folgenden Personen möchte ich dafür danken, daß sie all die Jahre an diese Geschichte geglaubt haben und daß sie ihr zu neuem Leben verholfen haben, als ich schon fürchtete, sie werde wieder in Vergessenheit geraten: Barry Wallis, Marti Ann Wallis, Patricia Stanley und Carroll Hodges; Judy Erick aus Venetie für ihre Hilfsbereitschaft bei der Übersetzung aus der Gwich'in-Sprache und Annette Seimens dafür, daß sie mir ihren Computer geliehen hat.

Schließlich möchte ich Marilyn Savage für ihre Großzügigkeit und ihren ständigen Zuspruch danken. Ich danke auch den beiden Verlegern, Kent Stugris und Lael Morgan, dafür, daß sie teilhaben an unserer aller Vision. Vielen Dank, Virginia Sims, daß die Geschichte durch die Lektorierung in ihrer Substanz erhalten geblieben ist.

Euch allen ein Mahsi Choo dafür, daß ihr an dieser schlichten alten Geschichte beteiligt wart.

VELMA

1

Hunger und Kälte fordern ihren Tribut

Die Luft lag scharf, schweigend und kalt über dem weiten Land. Schlanke Fichtenzweige bogen sich unter der schweren Last des Schnees und warteten auf ferne Frühlingswinde. Die froststarren Weiden schienen in der grimmigen Kälte zu erzittern.

Fern dort oben in diesem scheinbar so unwirtlichen Land lebte eine Schar von Menschen, die in Felle und Tierhäute gekleidet waren und dicht um kleine Feuerstellen hockten. Ihre wettergegerbten Gesichter waren von Hoffnungslosigkeit gezeichnet, denn sie sahen sich dem Hungertod ausgesetzt, und die Zukunft barg wenig Aussicht auf bessere Tage.

Diese Nomaden lebten in der Polarregion von Alaska. Sie nannten sich das Volk, und sie waren ständig unterwegs, auf der Suche nach Nahrung. Wo die Karibus und andere Wandertiere entlangzogen, dort folgte ihnen das Volk. Doch die große

Winterkälte schuf besondere Probleme. Die Elche, die ihre bevorzugte Nahrungsquelle bildeten, suchten Schutz vor der durchdringenden Kälte, indem sie sich an einen festen Ort zurückzogen, wo sie schwer zu finden waren. Kleinere und leichter zu erlegende Tiere, wie Kaninchen und Eichhörnchen, konnten eine so große Gruppe wie diese nicht am Leben erhalten. Und während der Kälteperioden verschwanden selbst die kleineren Tiere in ihren Verstecken, oder sie wurden durch Beutejäger – seien es Mensch oder Tier – dezimiert. So schien denn das Land während dieses ungewöhnlich scharfen Frosteinfalls im späten Herbst unter der bedrohlich lauernden Kälte ohne jegliches Leben zu sein.

In der kalten Jahreszeit erforderte das Jagen mehr Kraft als gewöhnlich. Deshalb bekamen die Jäger zuerst zu essen, denn ihr Geschick war es, von dem das Leben des Volkes abhing. Doch da so viele Mäuler zu stopfen waren, war der Vorrat an Nahrung sehr schnell erschöpft. Obwohl alle sich größte Mühe gaben, mit dem Vorhandenen auszukommen, litten viele Frauen und Kinder an Unterernährung, und einige verhungerten sogar.

In diesem Nomadenverbund lebten auch zwei alte Frauen, um die sich das Volk jahrelang gekümmert hatte. Die Ältere der beiden hieß Ch'idzigyaak, denn bei ihrer Geburt erinnerte sie ihre Eltern an einen Chickadee-Vogel. Die andere Frau hieß Sa', was Stern bedeutet, denn als die Geburt herannahte, hatte ihre Mutter in den herbstlichen Nachthimmel hochgeschaut und sich besonders auf die weit entfernten Sterne konzentriert, um sich vom Wehenschmerz abzulenken.

Immer wenn die Gruppe einen neuen Lagerplatz erreichte, wies der Häuptling die jüngeren Männer an, für diese zwei alten Frauen einen Unterschlupf zu errichten und sie mit Nahrung und Wasser zu versorgen. Die jüngeren Frauen zogen die Habseligkeiten der beiden älteren Frauen von einem Lager zum nächsten, und als Gegenleistung gerbten die alten Frauen Tierhäute für die, die ihnen halfen. Diese Übereinkunft funktionierte gut.

Die zwei Alten besaßen jedoch eine unschöne Eigenschaft, die zu jenen Zeiten nur selten vorkam. Ständig beklagten sie sich über Wehwehchen hier und Zipperlein da. Und zum Beweis ihrer Kümmerlichkeit gingen sie an Stöcken. Überraschenderweise machte das den anderen nichts aus, obwohl sie alle von Kindheit an gelernt hatten, daß Schwäche bei den Bewohnern dieses rauhen Mutterlandes nicht geduldet war. Dennoch machte niemand den zwei alten Frauen Vorhaltungen, und sie wanderten weiter mit den Stärkeren – bis zu jenem verhängnisvollen Tag.

An diesem Tag lag etwas Schwereres als nur die Kälte in der Luft, während das Volk um die wenigen flackernden Feuer versammelt war und dem Häuptling zuhörte. Er war ein Mann, der die anderen fast um Haupteslänge überragte. Tief in seine pelzbesetzte Jacke eingemummt, sprach er von den harten, kalten Tagen, die sie erwarteten, und davon, daß jeder das Seine beitragen müsse, damit sie den Winter überlebten.

Dann machte er plötzlich mit lauter, deutlicher Stimme eine Ankündigung: »Der Rat und ich sind zu einer Entscheidung gelangt.« Der Häuptling machte eine Pause, als habe er Mühe, die folgenden Worte auszusprechen. »Wir werden die Alten zurücklassen müssen.«

Mit einem schnellen, prüfenden Blick suchte er nach einer Reaktion in der Menge. Doch Hunger und Kälte hatten ihren Tribut gefordert, und das Volk schien nicht entsetzt zu sein. Viele hatten erwartet, daß es geschehen würde, und manche hielten es für das beste. In jenen Tagen war es nicht unüblich, die Alten in Hungerszeiten zurückzulassen, obwohl es in dieser Gruppe zum erstenmal geschah. Die Kargheit dieses urwüchsigen Landes schien danach zu verlangen. Um zu überleben, waren die Menschen gezwungen, sich in mancherlei Weise wie Tiere zu verhalten. Ähnlich jungen, kräftigen Wölfen, die sich vom alten Führer des Rudels absetzen, so pflegten die Menschen ihre Alten zurückzulassen, um sich ohne jene Extrabelastung schneller bewegen zu können.

Ch'idzigyaak, die ältere Frau, besaß eine Tochter und einen Enkel in der Gruppe. Der Häuptling suchte die beiden mit den Augen in der Menge und sah, daß auch sie keine Reaktion zeigten. Er war höchst erleichtert darüber, daß die unerfreuliche Ankündigung ohne Zwischenfall vonstatten gegangen war, und befahl allen, sofort zu packen. Indes-

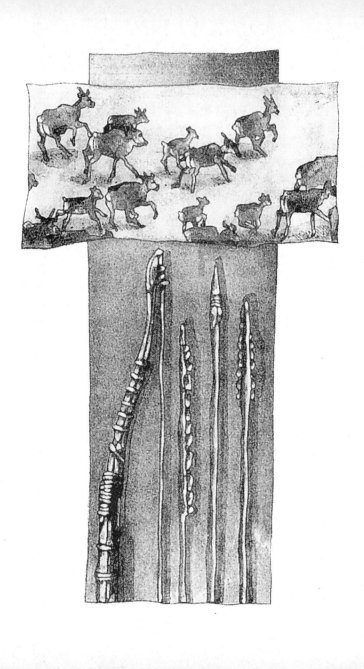

sen brachte es dieser tapfere Mann, der ihr Führer war, nicht fertig, den zwei alten Frauen ins Gesicht zu schauen, denn im Augenblick fühlte er sich nicht besonders stark.

Der Häuptling begriff, warum das Volk keine Einwände erhob, auch wenn die beiden alten Frauen von allen wohlgelitten waren. In diesen harten Zeiten waren viele der Männer unzufrieden und wurden schnell wütend. Ein falsches Wort oder eine falsche Bewegung konnte einen Aufruhr auslösen und alles noch schlimmer machen. So kam es, daß die schwachen und erschöpften Mitglieder des Stammes ihre Bestürzung für sich behielten, denn sie wußten, die Kälte konnte zu einer Welle der Panik führen – zu Grausamkeit und Brutalität unter Menschen, die ums Überleben kämpften.

Während der langen Jahre, in denen die Frauen in der Gruppe gelebt hatten, hatte der Häuptling eine Zuneigung zu ihnen gefaßt. Jetzt wollte er so schnell wie möglich fort, damit die zwei alten Frauen ihn nicht anschauen konnten. Er hätte sich sonst elender als je in seinem Leben fühlen müssen.

Die beiden Frauen saßen vor der Feuerstelle, alt und schmal, doch mit stolz erhobenem Kinn. So verbargen sie ihr Entsetzen. Als sie jünger waren, hatten sie erlebt, wie alte Menschen zurückgelassen worden waren, aber sie hätten niemals gedacht, daß dieses Schicksal sie selbst treffen könnte. Sie starrten betäubt vor sich hin, so als hätten sie nicht gehört, daß der Häuptling sie zum sicheren Tod verurteilt hatte – ihrem Schicksal überlassen in einem

Land, das nur Stärke verstand. Zwei schwache alte Frauen hatten keine Chance gegen dieses Gesetz der Stärke. Sie wußten sich keinen Rat, als sie die Botschaft vernahmen, und es fehlten ihnen die Worte zu ihrer Verteidigung.

Von den zweien hatte nur Ch'idzigyaak Familie – die Tochter Ozhii Nelii und den Enkelsohn Shruh Zhuu. Sie wartete darauf, daß ihre Tochter protestieren würde, doch nichts geschah, und es überfiel sie ein noch tieferes Entsetzen. Nicht einmal ihre eigene Tochter versuchte, sie zu beschützen. Auch Sa', die neben ihr saß, war wie betäubt. Ihr Kopf drehte sich, und obwohl sie gerne laut geschrien hätte, brachte sie kein Wort heraus. Sie fühlte sich wie in einem schrecklichen Alptraum, in dem sie weder sprechen noch sich bewegen konnte.

Während die Gruppe sich langsam davonschlich, kam Ch'idzigyaaks Tochter zu ihrer Mutter herüber. Sie trug ein Bündel Babiche – grob abgezogene, ungegerbte Elchhaut, die vielseitig verwendbar war. Voller Scham und Schmerz senkte sie ihren Kopf, denn ihre Mutter weigerte sich, ihre Anwesenheit zur Kenntnis zu nehmen. Statt dessen starrte Ch'idzigyaak versteinert geradeaus.

Ozhii Nelii war sehr aufgewühlt. Wenn sie ihre Mutter verteidigte, so befürchtete sie, würde das Volk die Sache regeln, indem es sie zusammen mit ihrem Sohn ebenfalls zurückließ. Schlimmstenfalls ließen sie sich womöglich in ihrem ausgehungerten Zustand zu etwas noch Furchtbarerem hinreißen. Das konnte sie nicht riskieren.

Von solchen Gedanken gequält, bat Ozhii Nelii schweigend und mit kummervollem Blick um Vergebung und Verständnis, während sie sachte das Bündel Babiche vor der erstarrten Frau niederlegte. Dann wandte sie sich langsam um und ging mit schwerem Herzen davon, denn sie wußte, sie hatte soeben ihre Mutter verloren.

Der Enkel Shruh Zhuu war tief erschrocken über die Grausamkeit. Er war ein ungewöhnlicher Junge. Während die anderen Jungen miteinander im Mannwerden wetteiferten, indem sie jagten und rangen, gefiel es ihm, seiner Mutter und den zwei alten Frauen bei der Vorratsbeschaffung zu helfen. Sein Verhalten schien nicht in das Muster der Gruppenstruktur zu passen, so wie es von Generation zu Generation überliefert worden war. Die Frauen waren es nämlich, die die meisten mühsamen Aufgaben erledigten und zum Beispiel die hochbepackten Schlitten zogen. Darüber hinaus hatten sie eine Menge anderer zeitraubender Pflichten, während die Männer sich auf die Jagd konzentrierten, damit die Gruppe zu essen hatte. Niemand beklagte sich, denn so war es, und so war es immer gewesen.

Shruh Zhuu hatte große Achtung vor den Frauen. Er sah, wie sie behandelt wurden, und es gefiel ihm nicht. Auch wenn man es ihm immer und immer wieder erklärte, so begriff er doch nie, warum die Männer den Frauen nicht halfen. Aber seine Erziehung hatte ihn gelehrt, nie das Handeln der Erwachsenen in Frage zu stellen, denn das wäre unhöflich. Als Shruh Zhuu kleiner war, hatte er sich nicht gescheut, seine Meinung zu diesem Thema zu äußern, und Jugend und Unschuld waren seine Beschützer. Später lernte er, daß solches Benehmen eine Bestrafung nach sich zog. Er litt unter dem Schmerz des Schweigens, wenn sogar seine Mutter tagelang nicht mit ihm sprach. Auf diese Weise lernte Shruh Zhuu, daß es weniger weh tat, wenn man über gewisse Dinge lieber nachdachte, anstatt sich zu äußern.

Obwohl er fand, das Schlimmste, was das Volk tun konnte, war, die hilflosen alten Frauen im Stich zu lassen, kämpfte Shruh Zhuu innerlich mit sich. Seine Mutter sah die zornige Erregung in seinen Augen, und sie wußte, daß er kurz davor war zu protestieren. Sie ging schnell zu ihm und flüsterte eindringlich in sein Ohr, er dürfe einfach nicht daran denken, denn die Männer seien so verzweifelt, daß sie leicht irgend etwas Furchtbares tun könnten. Shruh Zhuu sah die düsteren Gesichter der Männer und wußte, daß sie recht hatte. Also hielt er seinen Mund, auch wenn der Aufruhr in seinem rebellischen Herzen weitertobte.

In jenen Tagen wurden alle Jungen dazu erzogen, ihre Waffen in Ehren zu halten, manchmal mehr noch als ihre Familie, denn die Waffen würden für ihren Lebensunterhalt sorgen, wenn sie Männer waren. Wurde ein Junge dabei ertappt, wie er seine Waffe falsch behandelte oder für einen falschen Zweck benutzte, so waren harte Strafen die Folge. Wenn der Junge älter wurde, lernte er die Macht seiner Waffe kennen und begriff die Bedeutung, die sie nicht nur für sein eigenes Überleben, sondern auch für das seines Volkes hatte.

Shruh Zhuu schlug seine ganze Erziehung und alle Gedanken an die eigene Sicherheit in den Wind. Aus seinem Gürtel zog er ein Beil aus zugespitzten Tierknochen, die mit gehärteten Elchhautstreifen straff zusammengebunden waren, und steckte es heimlich, gut verborgen vor den Augen des Volkes, hoch oben ins dichte Astwerk einer buschigen jungen Fichte.

Als seine Mutter sich daran machte, ihre Sachen zusammenzupacken, wandte Shruh Zhuu sich zu seiner Großmutter. Obwohl sie so tat, als sehe sie einfach durch ihn hindurch, vergewisserte Shruh Zhuu sich, daß keiner ihn beobachtete, und zeigte auf seinen leeren Gürtel und dann auf die Fichte. Noch einmal schaute er seine Großmutter mit einem Ausdruck der Verzweiflung an, wandte sich widerstrebend um und ging fort zu den anderen. Und mit sinkendem Mut wünschte er sich, er könnte ein Wunder vollbringen, um diesem alptraumhaften Tag ein Ende zu bereiten.

Der lange Zug des ausgehungerten Volkes setzte sich langsam in Bewegung, und zurück blieben die zwei Frauen. Sie saßen immer noch wie betäubt auf ihren aufgehäuften Fichtenzweigen da. Das kleine Feuer warf einen weichen, orangefarbenen Schein auf ihre verwitterten Gesichter. Es verging eine lange Zeit, bevor die Kälte Ch'idzigyaak aus ihrer Erstarrung weckte. Sie hatte die hilflose Geste ihrer

Tochter wohl wahrgenommen, doch sie fand, ihr einziges Kind hätte sie, selbst im Angesicht der Gefahr, verteidigen müssen. Das Herz der alten Frau besänftigte sich, als sie an ihren Enkel dachte. Wie konnte sie bittere Gedanken gegen jemanden hegen, der so jung und so zartfühlend war? Die anderen machten sie zornig, vor allem ihre Tochter! Hatte sie sie nicht zur Stärke erzogen? Heiße, ungebetene Tränen rannen ihr übers Gesicht.

In diesem Augenblick hob Sa' ihren Kopf, gerade rechtzeitig, um die Tränen ihrer Freundin zu entdecken. Zorn stieg in ihr hoch. Wie hatten sie es wagen können! Ihre Wangen brannten von der Demütigung. Sie und die andere alte Frau standen nicht kurz vorm Tode! Hatten sie nicht für das, was das Volk ihnen gab, genäht und gegerbt? Sie mußten nicht von Lager zu Lager getragen werden. Sie waren weder hilflos noch hoffnungslos. Und dennoch hatte man sie zum Sterben verurteilt.

Ihre Freundin hatte achtzig Sommer gesehen, sie selber fünfundsiebzig. Als sie jung war, hatte sie miterlebt, wie die Alten zurückgelassen wurden. Doch die waren dem Tod so nah, daß manche schon blind waren und nicht mehr laufen konnten. Und hier war sie nun, sie, die immer noch laufen, sehen, sprechen konnte, aber... pah! Die jungen Leute heutzutage suchten nach bequemeren Auswegen in harten Zeiten. Als die kalte Luft das Lagerfeuer gelöscht hatte, wurde Sa' lebendig, und ein stärkeres Feuer brannte in ihr, fast so als hätten ihre Lebensgeister der glimmenden Asche die Energie entzogen. Sie ging zu dem Baum und barg das Beil, und bei dem Gedanken an den Enkel ihrer Freundin lächelte sie weich. Sie seufzte, als sie zu ihrer Kameradin zurückkehrte, die sich nicht gerührt hatte.

Sa' sah zum blauen Himmel hoch. Für ein erfahrenes Auge bedeutete das Blau zu dieser winterlichen Jahreszeit große Kälte. Wenn erst die Nacht hereinbrach, würde es noch kälter werden. Sa' runzelte besorgt die Stirn, kniete neben ihrer Freundin nieder und begann mit sanfter, doch fester Stimme zu sprechen. »Meine Freundin«, sagte sie, machte eine Pause und hoffte, sie könnte stärker sein, als sie sich fühlte. »Wir können hier sitzen und auf den Tod warten. Wir werden nicht lange warten müssen...

Der Zeitpunkt unseres Abschieds von dieser Welt sollte aber noch nicht so bald kommen«, fügte sie schnell hinzu, als ihre Freundin mit erschreckten Augen hochblickte. »Wir werden jedoch sterben, wenn wir einfach nur hier sitzen und warten. Das würde ihnen recht geben, dann wären wir wirklich hilflos.«

Ch'idzigyaak hörte verzweifelt zu. Sa' wußte, daß ihre Freundin gefährlich nahe daran war, ihr Schicksal anzunehmen und an Hunger und Kälte zu sterben. Und so sprach sie noch eindringlicher. »Ja, auf ihre Weise haben sie uns zum Tode verurteilt! Sie glauben, wir seien zu alt und nutzlos. Sie vergessen, daß auch wir ein Recht haben zu leben! Und deshalb, meine Freundin, sage ich, wenn wir denn sterben müssen, so laß uns handelnd sterben und nicht im Sitzen.«

2

»Laß uns handelnd sterben«

Ch'idzigyaak saß still da, als wolle sie ihre verwirrten Sinne ordnen. Ein kleiner Hoffnungsschimmer blitzte in der Dunkelheit ihres Innern auf, während sie den starken Worten ihrer Freundin lauschte. Sie spürte, wie die Kälte ihr dort in die Wangen stach, wo ihre Tränen herabgelaufen waren, und sie horchte auf das Schweigen, das das Volk zurückgelassen hatte. Sie wußte, daß das, was ihre Freundin gesagt hatte, stimmte; daß in diesem stillen, kalten Land der sichere Tod auf sie wartete, wenn sie nichts für sich taten. Schließlich wiederholte sie, eher aus Verzweiflung denn aus Entschlußkraft, die Worte ihrer Freundin: »Laß uns handelnd sterben.« Daraufhin half die Freundin ihr von den klammen Zweigen hoch.

Die Frauen sammelten Stöcke, um das Feuer wieder zu entfachen, und schichteten Stücke von Schwämmen dazwischen, die groß und trocken auf umgestürzten Schwarzpappeln wuchsen. Damit wollten sie es am Schwelen halten. Sie durchforsteten die anderen Feuerstätten, um das an Glut zu retten, was sie finden konnten. In jenen Zeiten pflegten Nomadengruppen bei ihrem Aufbruch heiße Kohlestückchen in gehärtete Elchhautsäckchen zu packen oder Asche in Birkenrindenbehälter zu füllen, wo die Glut dann weiterglimmte, bereit, das nächste Lagerfeuer zu entzünden.

Als der Abend hereinbrach, schnitten die Frauen schmale Streifen von dem Bündel Babiche und formten Schlingen von der Größe eines Kaninchenkopfes daraus. Trotz ihrer Erschöpfung gelang es ihnen, ein paar Kaninchenfallen zu bauen, und sie stellten sie sofort auf.

Der Mond hing groß und orangefarben am Horizont, als die Frauen durch den knietiefen Schnee stapften und in der Dämmerung nach Lebenszeichen von Kaninchen suchten. Die Sicht war schlecht, und wenn es Kaninchen gab, so rührten sie sich in dem kalten Wetter nicht. Doch sie fanden einige alte, harte Kaninchenfährten, die unter den Bäumen und dem gebeugten Weidengebüsch fest eingefroren waren. Ch'idzigyaak knüpfte eine Babiche-Schlinge an einen langen, dicken Weidenast und legte ihn quer über eine der Fährten. Zu beiden Seiten der Schlinge errichteten die Frauen kleine Zäune aus Fichten- und Weidenzweigen, die das Kaninchen in die Falle leiten sollten. Die beiden Frauen setzten noch weitere Fallen aus, hatten aber wenig Hoffnung, daß sie auch nur ein Tier fangen würden.

Auf ihrem Rückweg zum Lager hörte Sa', wie

etwas an der Rinde eines Baumes entlanghuschte. Sie blieb vollkommen ruhig stehen und bedeutete ihrer Freundin, dasselbe zu tun. Beide Frauen versuchten angestrengt, das Geräusch in der Stille der Nacht noch einmal zu hören. Auf einem Baum, dessen Umrisse jetzt im silbernen Mondlicht zu erkennen waren, entdeckten sie nicht weit entfernt ein abenteuerlustiges Eichhörnchen. Sa' tastete langsam nach dem Beil in ihrem Gürtel. Die Augen fest auf das Eichhörnchen gerichtet und mit absichtlich langsamen Bewegungen zielte sie mit dem Beil auf diesen Punkt, der Überleben versprach. Plötzlich schoß der kleine Kopf des Tiers hoch, und als Sa' ihre Hand bewegte, um das Beil zu schleudern, stürmte das Eichhörnchen den Baum hoch. Sa' hatte das vorausgesehen, zielte etwas höher und beendete das Leben des kleinen Tiers geschickt mit einem einzigen wohlberechneten Wurf. Er verriet ihre Jagdkenntnisse, die sie so viele Jahre nicht erprobt hatte.

Ch'idzigyaak stieß einen tiefen Seufzer der Erleichterung aus. Das Mondlicht beleuchtete das lächelnde Gesicht der jüngeren Frau, als sie mit zitternder, aber stolzer Stimme sagte: »Ich habe dies viele Male getan, doch ich hätte nie gedacht, daß ich es noch einmal tun würde.«

Zurück im Lager kochten die Frauen das Eichhörnchen in Schneewasser, tranken die Brühe und sparten das wenige Fleisch für später auf, denn sie wußten, es würde sonst ihre letzte Mahlzeit sein.

Beide hatten seit längerer Zeit nichts gegessen.

Denn das Volk hatte versucht, die wenigen Lebensmittel, die es besaß, zu sparen. Nun begriffen die zwei Frauen, warum ihnen die kostbare Nahrung vorenthalten worden war. Weshalb Nahrung an zwei Personen verschwenden, die sterben würden? Die Frauen versuchten, nicht an das zu denken, was geschehen war, während sie ihre leeren Mägen mit der warmen Eichhörnchenbrühe füllten und sich in ihren Zelten zur Nacht niederlegten.

Der Unterschlupf bestand aus zwei großen Karibuhäuten, die so um drei lange Stöcke gewickelt waren, daß eine Art Dreieck entstand. Das Innere war mit einer dicken Schicht von Fichtenzweigen ausgelegt, über das sie mehrere Lagen Pelzdecken gebreitet hatten. Die Frauen wußten wohl, daß das Volk ihnen etwas Gutes tun wollte, als es ihnen all ihre Habseligkeiten ließ – auch wenn sie ausgesetzt worden waren und sehen konnten, wie sie zurechtkamen. Sie vermuteten, daß der Häuptling für diese kleine Freundlichkeit verantwortlich war. Andere, weniger noble Mitglieder der Gruppe hätten beschlossen, daß die beiden Frauen bald sterben würden, und alles mitgehen heißen außer der warmen Pelz- und Tierhautkleidung, die sie am Leibe trugen. Mit diesen verwirrenden Gedanken, die in ihren Köpfen herumspukten, nickten die beiden müden Frauen ein.

Der Mond schien stumm auf die gefrorene Erde, und überall im Land regte sich flüsternd Leben, hier und da übertönt vom melancholischen Geheul eines einsamen Wolfes. Die Augenlider der Frauen

zuckten in erschöpften, unruhigen Träumen, und ein leises, hilfloses Stöhnen entrang sich ihren Lippen. Dann, als der Mond sich dem östlichen Horizont zuneigte, erscholl irgendwo in der Nacht ein Ruf. Beide Frauen wachten sofort auf und hofften, daß der schreckliche Schrei Teil ihrer Alpträume gewesen war. Wieder war das Heulen zu hören. Diesmal erkannten sie es als den Ruf von etwas, das sich in einer ihrer Fallen verfangen hatte. Sie waren erleichtert. Aus Furcht, daß andere Räuber ihnen bei der Beute zuvorkommen würden, zogen sie eilig ihre Jacken über und liefen zu ihren Fallen. Da sahen sie ein kleines, zitterndes Kaninchen, das halb erdrosselt dalag und sie argwöhnisch anschaute. Ohne zu zögern, ging Sa' auf das Kaninchen zu, umspannte mit einer Hand seinen Hals, tastete nach der Schlagader und drückte so lange zu, bis das kleine, strampelnde Tier schlaff wurde. Nachdem Sa' die Falle wieder aufgestellt hatte, gingen sie zum Lager zurück, beide mit dem Gefühl neuer Hoffnung.

Der Morgen kam, doch er brachte kein Licht in dieses ferne nördliche Land. Ch'idzigyaak erwachte als erste. Sorgfältig legte sie neues Holz auf und schürte vorsichtig die Glut, bis eine Flamme auflöderte. Da das Feuer während der kalten Nacht erloschen war, hatte sich der warme Atem der Frauen als Eis auf den Wänden aus Karibuhaut niedergeschlagen.

Ch'idzigyaak seufzte vor dumpfer Erschöpfung und ging nach draußen. Über ihr tanzten noch die

Nordlichter, und Sterne blinkten in großer Anzahl. Eine Weile blieb Ch'idzigyaak so stehen und starrte hoch zu diesen Wundern. In all den Jahren ihres Lebens hatte der nächtliche Himmel sie stets mit Ehrfurcht erfüllt.

Ch'idzigyaak erinnerte sich an ihre Pflichten, hob die Karibuhäute von oben aus ihrem Rahmen, breitete sie auf dem Boden aus und bürstete rasch die Eisschicht ab. Dann hängte sie die Häute wieder auf, ging nach drinnen und fütterte das Feuer. Bald tropfte es feucht von den Hautwänden, das Wasser trocknete aber schnell.

Ch'idzigyaak erschauerte bei dem Gedanken an das schmelzende Eis, das in der kommenden Kälte auf sie niederrinnen würde. Wie waren sie früher damit fertiggeworden? Ach ja! Immer waren die Jüngeren dagewesen und hatten Holz nachgelegt. Sie hatten in den Zelten der Älteren nachgeschaut und darauf geachtet, daß deren Feuer nicht ausging. Was für ein verwöhntes Paar waren sie doch gewesen! Wie würden sie jetzt nur überleben?

Ch'idzigyaak seufzte tief, versuchte, nicht weiter diesen düsteren Gedanken nachzuhängen, und konzentrierte sich statt dessen darauf, das Feuer zu hüten, ohne ihre schlafende Kameradin aufzuwecken. Das Feuer knisterte, winzige Funken sprühten aus dem trockenen Holz, und ihre Behausung erwärmte sich. Von diesen Geräuschen erwachte Sa' allmählich und blieb lange auf dem Rücken liegen, bis sie die Bewegungen ihrer Freundin bemerkte. Langsam drehte sie ihren schmerzenden Hals und begann zu lächeln, ließ es aber sofort bleiben, als sie den verlorenen Blick ihrer Freundin sah. Mit schmerzverzogenem Gesicht stützte Sa' sich vorsichtig auf einen Ellenbogen, versuchte ein ermutigendes Lächeln und sagte: »Als ich an deinem warmen Feuer erwachte, dachte ich, gestern sei nur ein Traum gewesen.«

Ch'idzigyaak bemerkte wohl den offensichtlichen Versuch, sie aufzumuntern, und es gelang ihr ein kleines Lächeln, doch dann starrte sie wieder düster ins Feuer. »Ich sitze da und mache mir Sorgen«, sagte sie nach einem langen Schweigen. »Ich fürchte mich vor dem, was vor uns liegt. Nein! Sag nichts!« Sie hob ihre Hände, als ihre Freundin zum Sprechen ansetzte.

»Ich weiß, du bist überzeugt, daß wir es schaffen. Du bist jünger.« Bei dieser Bemerkung konnte sie ein bitteres Lächeln nicht verhehlen, denn noch gestern waren sie beide für zu alt befunden worden, um mit den Jungen zu leben. »Es ist sehr lange her, daß ich allein gelebt habe. Es hat immer jemanden gegeben, der sich um mich gekümmert hat, und jetzt...« Sie konnte nur noch heiser flüstern, da ihr zu ihrer Beschämung die Tränen gekommen waren.

Ihre Freundin ließ sie weinen. Als die Tränen versiegt waren und die ältere Frau ihr nasses Gesicht abwischte, lachte sie. »Vergib mir, meine Freundin. Ich bin älter als du. Und doch weine ich wie ein kleines Kind.«

»Wir sind wie kleine Kinder«, erwiderte Sa'. Die Ältere sah bei diesem Zugeständnis erstaunt hoch.

»Wir sind wie hilflose Kinder.« Ein Lächeln kräuselte ihre Lippen, als ihre Freundin ein wenig verletzt auf diese Bemerkung reagierte. Doch bevor Ch'idzigyaak sie falsch verstehen konnte, fuhr Sa' fort: »Wir haben in unserem langen Leben eine Menge gelernt. Und dann sind wir alt geworden und haben geglaubt, wir hätten unseren Teil im Leben geleistet. Also hörten wir auf, einfach so. Wir haben nicht mehr weiter gearbeitet wie früher, obwohl unsere Körper noch immer gesund genug sind, um ein wenig mehr zu leisten, als wir ihnen zugetraut haben.«

Ch'idzigyaak saß da und hörte aufmerksam zu, als ihre Freundin ihr plötzlich eröffnete, warum die Jüngeren es für das beste gehalten hatten, sie zurückzulassen. »Zwei alte Frauen. Wir beklagen uns, sind nie zufrieden. Wir reden davon, daß es nichts zu essen gibt, und davon, wie gut es früher war, obwohl es in Wirklichkeit nicht besser war. Wir finden, daß wir schon so schrecklich alt sind. Und jetzt, nachdem wir so viele Jahre damit verbracht haben, die jüngeren Leute davon zu überzeugen, daß wir hilflos sind, glauben sie, daß wir in dieser Welt nicht mehr von Nutzen sind.«

Als sie sah, wie sich die Augen der Freundin angesichts der Endgültigkeit ihrer Worte mit Tränen füllten, sprach Sa' mit sehr bewegter Stimme weiter. »Wir werden ihnen beweisen, daß sie beide unrecht haben! Das Volk. Und der Tod!« Sie schüttelte den Kopf und wies in die Luft. »Sicher, er wartet auf uns, dieser Tod. Bereit, in dem Augenblick nach uns zu greifen, da wir unsere schwachen Stellen zeigen. Ich fürchte diese Art Tod mehr als alles Leiden, das wir, du und ich, durchstehen müssen. Wenn wir dennoch sterben, so laß uns handelnd sterben!«

Ch'idzigyaak sah ihre Freundin sehr lange an und wußte, daß das, was sie gesagt hatte, richtig war, daß der Tod gewiß zur Stelle sein würde, wenn sie nicht den Versuch wagten zu überleben. Sie glaubte nicht, daß sie beide stark genug waren, um die harte Jahreszeit zu überstehen, doch die Leidenschaft in der Stimme ihrer Freundin ließ sie sich ein wenig besser fühlen. Und so lächelte sie denn, anstatt Trauer darüber zu empfinden, daß es nichts weiter zu tun und zu sagen gab. »Ich glaube, wir haben es schon einmal gesagt, und wir werden es sicher noch viele Male sagen, und dennoch, ja, laß uns handelnd sterben.« Und mit einem neuen inneren Gefühl der Stärke, das sie nicht mehr für möglich gehalten hatte, erwiderte Sa' das Lächeln und stand auf, bereit für den langen Tag, der vor ihnen lag.

3

Besinnung auf alte Fähigkeiten

An jenem Tag wanderten sie weit zurück in die Vergangenheit, um sich an die Fähigkeiten und Kenntnisse zu erinnern, die ihnen seit frühester Kindheit beigebracht worden waren.

Sie begannen mit der Herstellung von Schneeschuhen. Gewöhnlich wurde das Birkenholz im späten Frühling und frühen Sommer gesammelt, doch heute mußte die junge Birke genügen. Sie besaßen natürlich kein passendes Werkzeug, aber es gelang den Frauen, die Holzstücke mit dem, was sie hatten, jeweils in vier Teile zu spalten, die sie in ihren großen Birkenbehältern kochten. Als das Holz weich war, bogen die Frauen jedes Stück in der Mitte und fügten je zwei dieser halbrunden Teile aneinander. Die Enden ließen sie dabei spitz zulaufen und bohrten schließlich mit schlanken, angespitzten Nähahlen ungeschickt lauter kleine Löcher in das Ganze. Die Arbeit war mühsam, doch trotz ihrer schmerzenden Finger machten die Frauen weiter, bis ihre Aufgabe vollbracht war. Sie hatten schon vorher etwas Babiche in Wasser eingelegt. Nun nahmen sie das aufgeweichte Material, schnitten es in schmale Streifen und verflochten es in das Schneeschuhskelett. Während die Babiche mit Hilfe des Lagerfeuers hart wurde, stellten die Frauen Lederbindungen für ihre Schneeschuhe her.

Als die Frauen ihr Werk vollendet hatten, strahlten sie vor Stolz. Dann wanderten sie mit ihren etwas unbeholfenen, aber brauchbaren Schneeschuhen auf der Schneeoberfläche entlang und kontrollierten die Kaninchenfallen. Und ihr Stolz wurde noch größer, als sie feststellten, daß sie ein zweites Kaninchen gefangen hatten. Da sie wußten, daß das Volk wenige Tage zuvor vergeblich Kaninchenfallen aufgestellt hatte, wurden die Frauen fast abergläubisch im Vertrauen auf ihr Glück. Sie gingen zum Lager zurück und fühlten sich leicht und beschwingt nach all dem, was ihnen gelungen war.

In jener Nacht sprachen die Frauen über ihre Pläne. Sie waren beide der Meinung, daß sie nicht in dem Herbstlager bleiben konnten, wo man sie zurückgelassen hatte. Denn dort gab es nicht genug Tiere, mit denen sie den Winter überstehen konnten. Außerdem hatten sie Angst, daß möglicherweise Feinde aufkreuzen könnten. Andere Gruppen waren ebenfalls unterwegs, selbst zu dieser kalten Winterzeit, und die Frauen wollten sich solcher Gefahr nicht aussetzen. Sogar vor ihrem eigenen Volk begannen sie sich zu fürchten, nachdem ihr Vertrauen so erschüttert worden war. Die beiden Frauen beschlossen also weiterzuziehen, denn sie fürchteten, die Kälte könnte die Menschen aus Not zu verzweifelten Taten verleiten. Es fielen ihnen jene Tabu-Geschichten ein, die von Generation zu Generation überliefert wurden. Sie handelten von Menschen, die aus Hunger zu Kannibalen geworden waren.

Die beiden Frauen saßen in ihrem Unterschlupf und überlegten, wohin sie ziehen sollten. Plötzlich rief Ch'idzigyaak: »Ich weiß einen Platz!«

»Welchen?« fragte Sa' aufgeregt.

»Erinnerst du dich an die Stelle, wo wir vor langer Zeit gefischt haben? An den Fluß, in dem die Fische so zahlreich waren, daß wir lauter Trockengestelle bauen mußten, um sie haltbar zu machen?« Die jüngere Frau grub eine Weile in ihrem Gedächtnis, bis sie den Ort verschwommen vor Augen hatte. »Ja, ich erinnere mich. Aber warum sind wir nie mehr dorthin zurückgekehrt?« fragte sie. Ch'idzigyaak zuckte mit den Schultern. Sie wußte es auch nicht.

»Vielleicht hatte das Volk vergessen, daß es diesen Ort gab«, schlug sie vor.

Was immer auch der Grund sein mochte, die beiden Frauen beschlossen, es sei ein guter Platz für die nächste Zeit, und da es sehr weit dorthin war, sollten sie am besten sofort aufbrechen. Es war ihnen sehr daran gelegen, diesen Ort böser Erinnerungen so weit wie möglich hinter sich zu lassen.

Am nächsten Morgen packten sie. Ihre Karibufelle waren vielseitig verwendbar. An diesem Tag dienten sie als Zugschlitten. Die Frauen lösten die beiden Felle aus dem Zeltrahmen und breiteten sie mit der Pelzseite zum Schnee auf dem Boden aus. Sie verstauten alles, was sie besaßen, ordentlich in den Fellen und vertäuten es fest mit langen Babiche-Streifen. Vorne an ihren Fellschlitten befestigten sie lange, geflochtene Seile aus Elchleder, und jede der beiden wickelte sich ein Seil um die Taille. So begannen die zwei Frauen ihre lange Reise. Das Fell der Karibuhäute glitt schwerelos über den trockenen, tiefen Schnee, und die Schneeschuhe erleichterten den Frauen das Gehen.

Die Temperatur war gefallen, und die kalte Luft stach ihnen in die Augen. Immer wieder mußten sie ihre Gesichter mit den bloßen Händen wärmen, und ständig wischten sie sich Tränen aus den gereizten Augen. Doch ihre Kleidung aus Pelzen und Häuten tat ihnen gute Dienste, denn so kalt es auch war, ihre Körper blieben warm.

Die Frauen wanderten bis spät in die Nacht. Sie waren nicht allzu weit gelangt, aber beiden taten die Knochen weh, und sie fühlten sich, als seien sie Ewigkeiten gegangen. Sie beschlossen, ihr Lager aufzuschlagen, gruben tiefe Höhlen in den Schnee und füllten sie mit Fichtenzweigen. Dann errichteten sie ein kleines Feuer, kochten das Eichhörnchenfleisch wieder auf und tranken die Brühe. Sie waren so müde, daß sie sofort einschliefen. Diesmal stöhnten und zuckten sie nicht, sondern schliefen tief und geräuschlos.

Der Morgen brach an, und die Frauen erwachten. Ringsum herrschte große Kälte, und der Him-

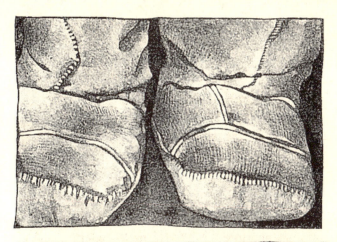
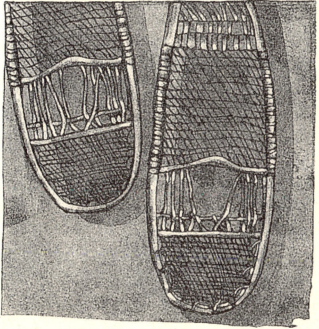

mel über ihnen sah aus wie eine mit Sternen gefüllte Schale. Doch als die Frauen versuchten, aus ihren Höhlen zu klettern, wollten ihre Körper sich nicht bewegen. Sie schauten einander an, und sie begriffen, daß sie ihren Körper über seine physischen Grenzen hinaus getrieben hatten. Schließlich gelang es der jüngeren und entschiedeneren Sa', sich zu bewegen. Es tat aber so weh, daß sie ein qualvolles Stöhnen von sich gab. Ch'idzigyaak wußte, daß ihr dasselbe bevorstand, so blieb sie eine Weile still liegen und sammelte Mut gegen den Schmerz, von dem sie wußte, daß er kommen würde. Schließlich kletterte auch sie langsam und mühselig aus ihrer Schneehöhle, und beide Frauen humpelten um das Lager herum, um ihre steifen Gelenke zu lockern. Nachdem sie auf dem restlichen Eichhörnchenfleisch herumgekaut hatten, machten sie sich wieder auf ihre Reise und zogen langsam ihre vollbeladenen Schlitten.

Jenen Tag sollten sie später als einen der längsten und bittersten ihrer gesamten Wanderung in Erinnerung behalten. Stumpf stolperten sie vorwärts und knickten vor lauter Müdigkeit und Alter ständig im Schnee ein. Trotzdem trieben sie sich, fast verzweifelt, weiter an, denn sie wußten, jeder Schritt brachte sie ihrem Ziel näher.

Die ferne Sonne, die sich jeden Tag für eine kurze Weile zeigte, blinzelte diesig durch den Eisnebel, der in der Luft hing. Hin und wieder war ein Stück blauer Himmel zu sehen, doch die meiste Zeit nahmen die Frauen nur ihren eigenen gefrorenen Atem wahr, der sich in dichten Wirbeln vor ihren Augen sammelte. Sorge bereitete ihnen auch der Gedanke, daß ihre Lungen erfrieren könnten, und so trafen sie Vorkehrungen dagegen, indem sie in der Kälte keine allzu anstrengenden Arbeiten verrichteten. Und wenn solche Arbeiten sich nicht vermeiden ließen, trugen sie einen Gesichtsschutz. Das konnte unangenehme Nebenwirkungen haben, wenn sich zum Beispiel dort, wo der Schutz an ihrer Haut scheuerte, Eis bildete. Doch die Frauen kümmerten sich nicht um derlei Beschwerden, die im Vergleich zu den schmerzenden Gliedern, den steifen Gelenken und den geschwollenen Füßen geringfügig waren. Manchmal schienen sogar die schweren Schlitten von Nutzen zu sein. Sie bewahrten die Frauen davor, daß sie einfach mit dem Gesicht in den Schnee fielen, denn die Zugseile waren ja um ihren Leib geschlungen.

Als das Tageslicht nach nur wenigen Stunden entschwunden war, gewöhnten sich die Augen der Frauen wieder an die Dunkelheit, die sie allmählich einhüllte. Doch sie wußten, die Nacht war noch nicht hereingebrochen, und sie mußten noch eine Weile weiterziehen. Als es Zeit für ein Lager wurde, befanden sie sich auf einem großen See. Sie konnten die Silhouette der Bäume am Ufer erkennen, und sie wußten, daß der Wald ein geeigneterer Platz zum Übernachten war. Doch sie waren so erschöpft, daß sie keinen Schritt mehr tun mochten. Wieder gruben sie eine tiefe Höhle in den Schnee, und nachdem sie sich darin niedergekuschelt und in ihre Felldecken eingehüllt hatten, schliefen sie sofort ein. Die dicke Kleidung aus Häuten und Pelzen hielt ihre Körpertemperatur und schützte sie vor der Kälte. Die Schneehöhle war genauso warm wie eine oberirdische Schutzhütte, und so schliefen die Frauen, ohne den Frost zu spüren, der sogar die wilden Tiere des Nordens Schutz suchen ließ.

Am nächsten Morgen wachte Sa' als erste auf. Der lange Schlaf und die Kälte verschafften ihr einen ausgesprochen klaren Kopf. Mit schmerzverzerrtem Gesicht steckte sie den Kopf aus der Höhle und schaute sich um. Sie sah die Baumsilhouetten am Ufer, und es fiel ihr wieder ein, daß sie zu müde gewesen waren, den See ganz zu überqueren.

Vorsichtig rappelte sie sich hoch; sie wollte den Schlummer ihrer Freundin nicht stören, und sie wußte, bei einer falschen Bewegung würde ihr steifer Körper sich verschließen und jeden weiteren Schritt verweigern. Ein Lächeln umspielte ihre Lippen, als sie daran dachte, wie ihre Freundin und sie sich noch vor wenigen Tagen oft und laut über die verschiedensten unbedeutenden Beschwerden beklagt hatten. Und sie mußte auch an die Gehstöcke denken, die sie benutzt hatten, bis sie sie an ihrem letzten Lagerplatz vergessen hatten. Langsam streckte sie sich in der frostigen Luft und machte sich im Geiste eine Notiz, daß sie, wenn der rechte Zeitpunkt dafür gekommen war, ihre Freundin daran erinnern wollte. Dann würden sie darüber lachen, daß sie jahrelang diese Stöcke mit sich herumgeschleppt hatten, um besser zu gehen, und nun war es ihnen irgendwie gelungen, über viele Meilen hinweg ohne sie auszukommen. Sie zog ihre Schneeschuhe über und ging ein wenig umher, um die Steifheit in ihren wunden Gelenken zu lösen.

Aus ihrer Schneehöhle heraus betrachtete Ch'idzigyaak ihre beweglichere Gefährtin, die langsam die Schlafstelle umkreiste. Ch'idzigyaak war immer noch müde und fühlte sich noch elender. Doch sie wußte, daß sie ihr Bestes geben mußte, um ihrer Freundin in all dieser Mühsal beizustehen. Sie hatte lange genug gelebt, um zu wissen, daß, wenn sie aufgab, ihre Freundin auch aufgeben würde. Also zwang sie sich, hochzukommen, doch der Schmerz in ihrem Körper ließ sie zurücksinken, und sie stieß einen tiefen Seufzer aus.

Sa' merkte, daß es Ch'idzigyaak schlechtging, und so beugte sie sich herab, um ihr aus dem Loch herauszuhelfen. Gemeinsam ächzten und mühten sie sich, um in Bewegung zu kommen. Bald waren sie auf den Beinen und marschierten ohne Pause, bis sie das andere Ufer des Sees erreicht hatten. Dort entfachten sie ein Feuer, und nachdem sie ein wenig von dem vorsorglich rationierten Kaninchenfleisch gegessen hatten, kehrten sie zu ihren Schlitten zurück und machten sich wieder auf die Reise.

Die Kette der zugefrorenen Seen schien kein Ende zu nehmen. Dazwischen mußten die Frauen sich durch manchen Fichtenwald, durch allerlei Weidendickicht und dorniges Untergehölz kämpfen. Und das erschöpfte sie so, daß sie glaubten, sie hätten viel mehr Meilen zurückgelegt, als sie tatsächlich geschafft hatten. Obwohl sie viele Umwege um Hindernisse machen mußten, verloren die Frauen nie gänzlich die Richtung. Gelegentlich verdunkelte die Müdigkeit ihr Urteil, und sie merkten plötzlich, daß sie leicht vom Kurs abgekommen waren oder im Kreis gingen, doch sie fanden schnell wieder den richtigen Weg. Vergeblich hofften sie, daß plötzlich jene sumpfige Flußbucht auftauchte, die sie erreichen wollten. Und wirklich gab es Momente, in denen eine von ihnen halluzinierte, daß sie am Ziel angelangt waren. Aber die ständige Mahnung durch die heftige Kälte und ihre schmerzenden Knochen brachten sie immer schnell wieder in die Wirklichkeit zurück.

Am vierten Abend stolperten die Frauen fast über die Bucht. Alles um sie herum war in silbernes Mondlicht getaucht. Schatten dehnten sich unter den vielen Bäumen und über die Bucht. Die Frauen blieben eine Weile ruhig am Ufer stehen, und ihre Augen tranken die Schönheit dieses Augenblicks. Sa's Herz füllte sich mit Staunen über die Macht, die das Land über Menschen wie sie, über die Tiere und selbst über die Bäume ausübte. Sie alle waren abhängig vom Land, und wenn seine Regeln nicht befolgt wurden, konnte die Unachtsamen und Unwürdigen ein schneller und unvorhergesehener Tod ereilen. Ch'idzigyaak blickte ihre Freundin an, als diese einen tiefen Seufzer ausstieß. »Was ist los?« fragte sie.

Sa' lächelte traurig, und ihr Gesicht wurde ganz runzelig. »Es ist alles in Ordnung, meine Freundin.

Wir sind immerhin auf der richtigen Fährte. Ich dachte nur daran, wie es früher war, als es mir leichtfiel, mit diesem Land zu leben. Jetzt hingegen scheint es mich nicht zu wollen. Vielleicht sind es aber nur meine schmerzenden Gelenke, die mich klagen lassen.«

Ch'idzigyaak lachte. »Womöglich sind unsere Körper einfach zu alt, oder wir sind nicht mehr in Form. Vielleicht kommt ja die Zeit, wo wir wieder über diese Erde hüpfen werden.« Sa' lachte mit ihr über den Scherz.

Solcherlei Betrachtungen sollten nur ihre Lebensgeister aufmuntern, und die Frauen wußten, daß ihre Reise noch nicht beendet war und auch ihr Kampf ums Überleben nicht einfacher werden würde. Auch wenn sie mit den Jahren gelassen geworden waren, so wußten Ch'idzigyaak und Sa' doch, daß sie einen hohen Preis an bitterer Mühsal würden zahlen müssen, ehe das Land ihnen irgendwelche Tröstungen zugestand.

Die Frauen stiegen den gewundenen Weg durch das sumpfige Gelände hinab, bis sie einen großen Fluß erreichten. Selbst in den Kälteperioden blieb das Eis wegen der schnellen Unterströmungen des Flusses brüchig und dünn, und es war gefährlich, darauf zu gehen. Den Frauen war das wohl bewußt. Vorsichtig arbeiteten sie sich zentimeterweise über den stillen Fluß und hielten ihre Sinne geschärft für das Geräusch von brechendem Eis und für irgendwelche Anzeichen von Dampf, der aus den Rissen im Eis hervorquoll.

Als sie schließlich das andere Ufer erreichten, hatten die Anspannung und die Müdigkeit beide Frauen seelisch und körperlich vollkommen ausgezehrt. Mit der letzten ihnen noch verbliebenen Kraft machten sie sich ganz benommen daran, für eine weitere Nacht ihre Schlafstatt zu errichten.

4

Eine mühselige Reise

Die vorangegangenen Nächte, in denen sie es geschafft hatten, Schlafhöhlen zu bauen, waren nichts, verglichen mit dieser. Denn die Frauen waren so müde, daß sie sich kaum noch bewegen konnten. In blinder Entschlossenheit taumelten sie umher und sammelten Fichtenzweige für ihr Lager und große Holzklötze für das Feuer. Schließlich kauerten sie sich aneinander und starrten wie hypnotisiert in die große, orangefarbene Flamme. Sie hatten das Feuer mit den glühenden Kohlen entfacht, die noch vom ersten Lagerplatz herstammten. Bald glitten sie in einen bewußtlosen Schlaf. Sie hörten das einsame Heulen eines fernen Wolfes nicht, und ehe sie sich's versahen, hatte die kalte Morgenluft sie wieder in die Wirklichkeit zurückgeholt.

Sie waren aneinandergelehnt eingeschlafen und hatten es irgendwie fertiggebracht, die ganze Nacht lang in dieser Haltung zu verharren. Da sie auf ihren Beinen saßen, war ihnen klar, daß das Aufstehen nicht leicht sein würde. Sie blieben lange Zeit so sitzen. Dann versuchte Sa' hochzukommen, doch ihre Beine waren ohne Gefühl. Sie ächzte und versuchte es ein zweites Mal. Ch'idzigyaak hielt ihre Augen unterdessen fest geschlossen und tat, als ob sie schliefe. Sie mochte dem Tag nicht ins Auge blicken.

Sa' sammelte etwas Mut und zwang sich aufzustehen, doch die Schmerzen in ihren Gliedern erwiesen sich diesmal als zu heftig. Wieder hatten sie ihren Körper über seine Grenzen hinaus gefordert. Ohne daß sie es wollte, entschlüpfte Sa' ein klägliches Stöhnen, und sie spürte einen heftigen Drang zu weinen. Erschlagen von all dem, was sie beide in den wenigen vergangenen Tagen hatten durchmachen müssen, ließ Sa' ihren Kopf hängen, und die Kälte machte sie noch verzweifelter. So sehr sie es auch wünschte, ihr Körper wollte sich nicht bewegen. Sie war zu steif.

Teilnahmslos hörte Ch'idzigyaak, wie ihre Freundin schniefte. Sie war verwundert, daß sie ohne jede Regung dasitzen und Sa' beim Weinen zuhören konnte. Vielleicht war es nicht vorgesehen für sie, daß sie weitermachten. Vielleicht hatten die jungen Leute recht – sie und Sa' kämpften gegen das Unausweichliche an. Es wäre ein leichtes für sie, sich noch tiefer in die Wärme ihrer Pelzkleidung zu vergraben und einzuschlafen. Sie müßten dann niemals mehr irgend jemandem irgend etwas beweisen. Vielleicht war der Schlaf, den Sa' fürchtete, am Ende gar nicht so schlimm. Zumindest, so dachte Ch'idzigyaak bei sich selbst, wäre er nicht so schlimm wie dies hier.

Wenn ihre ältere Freundin auch kaum mehr über eigene Willenskraft verfügte, so besaß Sa' doch noch genug Entschiedenheit für sie beide. Mit einem Achselzucken tat sie alles ab – die Kälte, den Schmerz in ihrer Seite, ihren leeren Magen und die Taubheit in ihren Beinen. Mühsam versuchte sie hochzukommen, und diesmal gelang es ihr. So wie sie es sich morgens angewöhnt hatte, humpelte sie um den Schlafplatz herum, bis ganz allmählich mit dem fließenden Blut das Gefühl wiederkehrte. Als ihr Blutkreislauf wiedererwachte, wurden die Schmerzen heftiger. Aber Sa' konzentrierte ihre ganze Aufmerksamkeit darauf, Holz für das Feuer zu sammeln. Dann kochte sie einen Kaninchenkopf aus, was eine schmackhafte Brühe ergab.

Ch'idzigyaak beobachtete all dies aus fast geschlossenen Augen. Sie wollte nicht, daß ihre Freundin merkte, daß sie wach war, denn dann, so dachte sie, wäre sie verpflichtet, sich zu bewegen, und sie wollte sich nicht bewegen. Jetzt nicht und niemals mehr. Sie würde genauso bleiben, wie sie war, und vielleicht entriß ein schneller Tod sie diesem Elend. Doch noch war ihr Körper nicht bereit aufzugeben. Anstatt in gnadenvolles Vergessen zu sinken, spürte Ch'idzigyaak plötzlich das dringende Bedürfnis, ihre Blase zu entleeren. Sie versuchte es zu ignorieren, aber bald hielt ihre Blase es nicht mehr aus, und mit einem lauten Stöhnen fühlte sie, wie sie nicht mehr anhalten konnte. Voller Entsetzen sprang sie hoch und eilte, zur Überraschung ihrer Freundin, zu den Weiden. Als Ch'idzigyaak mit etwas schuldbewußtem Blick wieder zwischen den Bäumen auftauchte, neigte Sa' verwundert ihren Kopf. »Stimmt etwas nicht?« fragte sie. Verlegen gestand Ch'idzigyaak: »Ich war selbst erstaunt, wie schnell ich mich bewegt habe. Ich hatte nicht geglaubt, daß ich mich überhaupt je wieder bewegen könnte!«

Sa' dachte an den Tag, der vor ihnen lag. »Nach dem Essen sollten wir aufbrechen, auch wenn wir heute nur eine kleine Strecke schaffen«, sagte sie. »Jeder Schritt bringt uns unserem geplanten Ziel näher. Obwohl ich mich heute nicht wohl fühle, ist mein Verstand stärker als mein Körper, und er sagt mir, wir sollen weiterziehen, anstatt hierzubleiben und auszuruhen – was ich am liebsten möchte.« Ch'idzigyaak aß ihre Portion vom Kaninchenkopf, trank die Brühe und hörte dabei zu. Auch ihr war danach, für eine Weile hier Rast zu machen. Ja, sie wünschte sich sogar ganz verzweifelt eine Pause. Aber sie schob ihre dummen Gedanken beiseite, schämte sich und war widerwillig damit einverstanden, daß sie weiterwanderten.

Sa' spürte eine leichte Enttäuschung, als Ch'idzigyaak ihrem Vorschlag zustimmte, und sie fragte sich, ob sie nicht tief in ihrem Herzen darauf gehofft hatte, daß Ch'idzigyaak sich weigern würde aufzubrechen. Doch es war zu spät, weiter darüber nachzudenken. So banden sich denn beide Frauen wieder die Seile um ihre schmalen Taillen und zogen weiter. Während des Gehens achteten sie auf Spuren von Tieren, denn sie hatten kaum noch etwas zu essen, und Fleisch war die Hauptquelle ihrer Kraft. Ohne Fleisch würde ihr Kampf bald beendet sein. Manchmal hielten die Frauen an, um die Route, die sie gewählt hatten, zu besprechen und um sich zu vergewissern, ob sie noch auf dem richtigen Weg waren. Doch von der Bucht aus wies der Fluß nur in die eine Richtung, also gingen die Frauen am Ufer entlang und hielten Ausschau nach dem kleinen Bach, der sie zu der Stelle führen sollte, die sie aus lang vergangener Zeit noch als besonders fischreich in Erinnerung hatten.

Die Tage schleppten sich dahin, und die Frauen zogen langsam ihre Schlitten über den tiefen Schnee. Am sechsten Tag blickte Sa', die sich angewöhnt hatte, nur dumpf auf ihre eigenen Füße zu starren, zufällig hoch. Am anderen Ufer des Flusses entdeckte sie die Mündung des Baches. »Wir sind angekommen«, sagte sie leise und mit atemloser Stimme. Ch'idzigyaak sah erst ihre Freundin an und dann den Bach. »Nur, daß wir auf der falschen Seite sind«, sagte sie. Sa' mußte über ihre Freundin lacheln, die offenbar immer das Schlechte an einer Situation herausfand. Zu erschöpft, um ihrer Lage eine freundlichere Seite abzugewinnen, seufzte Sa' still vor sich hin und bedeutete ihrer Freundin, ihr zu folgen.

Diesmal kümmerten sich die beiden Frauen nicht um irgendwelche verborgenen Risse unter dem Eis. Sie waren zu müde dazu. Ungeachtet der

Gefahren überquerten sie den zugefrorenen Fluß und folgten dann direkt dem Bach flußaufwärts. Die Frauen gingen bis spät in den Abend an jenem Tag. Langsam stieg der Mond hinter den Bäumen hoch, bis er über ihnen stand und ihren Weg an dem schmalen Bach entlang beschien. Obwohl sie mehr Stunden als an manchen vorhergehenden Tagen gewandert waren, gingen sie immer noch weiter. Sie waren sicher, daß der alte Lagerplatz ganz in der Nähe lag, und sie wollten ihr Ziel gern noch in derselben Nacht erreichen.

In dem Augenblick, als Ch'idzigyaak gerade ihre Freundin bitten wollte haltzumachen, sah sie das Lager. »Schau doch, dort hinten!« rief sie. »Da sind die Gestelle für die Fische, die wir vor so langer Zeit aufgehängt haben!« Sa' blieb stehen und fühlte sich plötzlich sehr schwach. Nur mit großer Anstrengung konnte sie sich auf ihren zitterigen Beinen halten, denn sie wurde auf einmal von dem Gefühl überwältigt, sie sei irgendwie zu Hause angekommen.

Ch'idzigyaak trat neben ihre Freundin und legte zart einen Arm um sie. Die Frauen sahen einander an und wurden von einer Woge heftiger Gefühle ergriffen, die sie verstummen ließen. Sie hatten diese lange Reise ganz allein geschafft. Schöne Erinnerungen stellten sich ein – an diesen Ort, an dem sie so manche glückliche Zeit mit Freunden und mit der Familie verbracht hatten. Nun waren sie, wegen einer häßlichen Wendung des Schicksals, wieder hier, verlassen und verraten von eben diesem Volk.

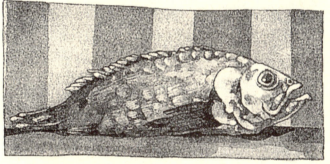

Weil die beiden Frauen ihrem bitteren Schicksal gemeinsam ausgesetzt waren, hatten sie ein Gespür dafür entwickelt, was die andere jeweils gerade dachte. Und meistens war Sa' die einfühlsamere.

»Laß uns lieber nicht daran denken, warum wir hier sind«, sagte sie. »Heute abend müssen wir unser Lager aufschlagen. Morgen werden wir reden.« Ch'idzigyaak schüttelte sich ihre Bitterkeit aus dem Sinn und pflichtete ihr entschieden bei. Also kletterten die beiden Frauen mit langsamen, schleppenden Bewegungen die niedrige Bachböschung hoch und gingen zum Lagerplatz. Dort fanden sie einen alten Zeltrahmen, den sie für diese Nacht als Unterstand benutzten.

Auch wenn ihre Kleidung sie gegen die schreckliche Kälte abschirmte, so taten die Karibufelle ihnen doch den besseren Dienst. Die ganze Nacht hindurch glühten ein paar Kohlen in der Asche des Feuers und hielten ihre Herberge warm. Aber schließlich drang die Morgenkälte herein, und die Frauen begannen sich zu rühren. Sa' stand als erste auf. Diesmal protestierte ihr Körper nicht so heftig, als sie sich in der Nähe ihrer Schlafstatt zu schaffen machte und das Holz, das sie am Abend zuvor gesammelt hatten, auf die restliche noch schwelende Asche in der Feuerstelle schichtete. Nachdem sie eine Weile vorsichtig auf die trockenen Zweige geblasen hatte, begann eine Flamme ihren sanften Tanz und erfaßte das trockene Weidenbündel. Bald war ihr Zelt wohlig warm.

An diesem Tag arbeiteten die Frauen stetig vor

sich hin und achteten nicht auf ihre schmerzenden Gelenke. Sie wußten, daß sie sich beeilen mußten, um die letzten Vorbereitungen für die schlimmste Winterzeit zu treffen, denn es stand ihnen noch kälteres Wetter bevor. Also verbrachten sie den Tag damit, zur Isolierung hohe Schneewände um ihr Zelt zu errichten und sämtliches herumliegende Holz zu sammeln, das sie finden konnten. Ohne Pause legten sie sofort danach eine große Anzahl Kaninchenfallen aus, denn die Gegend war reich an Weiden, und es gab viele Anzeichen von Kaninchenspuren. Die Nacht war schon hereingebrochen, als sich die Frauen auf den Rückweg zum Lager machten. Sa' kochte den Rest der Kanincheninnereien, und die Frauen labten sich an dieser letzten Mahlzeit. Danach lehnten sie sich gegen ihr Bettzeug und starrten ins Feuer.

Bevor man sie im Stich gelassen hatte, waren die beiden Frauen einander nicht besonders nahe gewesen: zwei Nachbarinnen, die sich jeweils an der schlechten Angewohnheit der anderen, an ihrem ewigen Jammern, ergötzt und miteinander über unwichtige Dinge unterhalten hatten. Nun waren das Alter und ihr grausames Schicksal das einzige, was sie verband. So geschah es, daß sie in jener Nacht, am Ende ihrer qualvollen gemeinsamen Reise, nicht wußten, wie sie als Gefährtinnen freundschaftlich miteinander sprechen sollten. Eine jede hing daher ihren eigenen Gedanken nach.

Ch'idzigyaak wandte sich im Geiste sofort ihrer Tochter und ihrem Enkel zu. Sie fragte sich, ob es ihnen wohl gutging. Ein kurzer, heftiger Schmerz durchfuhr sie, als sie noch einmal an ihre Tochter dachte. Es war immer noch hart für Ch'idzigyaak, damit fertigzuwerden, daß ihr eigen Fleisch und Blut sich geweigert hatte, ihr zu Hilfe zu kommen. Als das Selbstmitleid sie zu überwältigen drohte, kämpfte Ch'idzigyaak gegen die Tränen an, die ihr in die Augen schossen, und preßte ihre Lippen zu einem scharfen, dünnen Strich zusammen. Sie würde nicht weinen! Es war jetzt an der Zeit, sich stark zu zeigen und zu vergessen! Doch bei diesem Gedanken tropfte eine riesige, einzelne Träne herab. Sie blickte zu Sa' hinüber und merkte, daß auch sie tief in Gedanken verloren war. Ch'idzigyaak war verwirrt über ihre Freundin. Bis auf wenige Augenblicke der Schwäche hatte diese Frau an ihrer Seite den Anschein von Stärke und Selbstbewußtsein erweckt, fast so, als sei all dies eine Herausforderung für sie. Neugier trat an die Stelle des Schmerzes, und Sa' war überrascht, als Ch'idzigyaak zu sprechen begann.

»Einstmals, als ich noch ein kleines Mädchen war, haben sie meine Großmutter zurückgelassen. Sie konnte nicht mehr gehen und kaum noch sehen. Wir waren so hungrig, daß die Leute umhertaumelten, und meine Mutter flüsterte mir zu, sie fürchte, Menschen könnten daran denken, Menschen zu essen. Ich hatte noch nie zuvor davon gehört, aber meine Familie erzählte von Menschen, die so verzweifelt gewesen waren, daß sie so etwas getan hatten. Mein Herz füllte sich mit Angst, und ich klammerte mich an die Hand meiner Mutter. Immer wenn mir jemand in die Augen sehen wollte, wandte ich schnell meinen Kopf beiseite, da ich fürchtete, er könnte mich bemerken und beschließen, mich zu essen. So große Angst hatte ich. Auch ich war hungrig, aber irgendwie zählte das nicht. Vielleicht deshalb, weil ich so jung war und meine ganze Familie um mich hatte. Als sie davon sprachen, meine Großmutter zurückzulassen, war ich entsetzt. Ich erinnere mich noch, wie mein Vater und meine Brüder sich mit den anderen Männern stritten, doch als mein Vater in die Hütte zurückkam und ich in sein Gesicht blickte, wußte ich, was geschehen würde. Dann schaute ich meine Großmutter an. Sie war blind und zu schwerhörig, um zu verstehen, was vorging.« Ch'idzigyaak tat einen tiefen Atemzug, bevor sie mit ihrer Geschichte fortfuhr.

»Ich glaube, als sie sie einhüllten und in all ihre Decken packten, ahnte Großmutter, was mit ihr geschah. Denn als wir begannen, das Lager zu verlassen, konnte ich sie weinen hören.« Die ältere Frau erschauerte bei dieser Erinnerung.

»Später, als ich größer war, erfuhr ich, daß mein Bruder und mein Vater zurückgegangen waren und das Leben meiner Großmutter beendet hatten, denn sie wollten ihr das Leiden ersparen. Und sie verbrannten ihren Leichnam, damit niemand auf die Idee kam, seinen Bauch mit ihrem Fleisch zu füllen. Irgendwie überlebten wir diesen Winter, doch meine einzige wirkliche Erinnerung an jene Zeit ist die, daß es keine glückliche war. Ich entsinne mich auch an andere Zeiten der leeren Mägen, doch kein Winter war so schrecklich wie jener.«

Sa' lächelte traurig, denn sie konnte sich die schmerzlichen Gedanken ihrer Freundin vorstellen. Auch sie erinnerte sich. »Als ich jung war, war ich wie ein Knabe«, begann sie. »Ich war immer mit meinen Brüdern zusammen. Ich lernte viele Dinge von ihnen. Manchmal versuchte meine Mutter, mich zum Stillsitzen und zum Nähen anzuhalten, oder sie wollte, daß ich das lernte, was ich wissen mußte, wenn ich eine Frau war. Doch mein Vater und meine Brüder bewahrten mich immer davor. Sie mochten mich so, wie ich war.« Sie lächelte, als sie daran dachte.

»Unsere Familie war anders als die meisten. Mein Vater und meine Mutter erlaubten uns fast alles. Wir erledigten unsere Pflichten wie jeder andere auch, doch wenn sie getan waren, konnten wir auf Entdeckungsreise gehen. Ich habe nie mit anderen Kindern gespielt, immer nur mit meinen Brüdern. Ich fürchte, ich habe nie begriffen, was es mit dem Erwachsenwerden auf sich hat, weil ich soviel Spaß hatte. Als meine Mutter mich fragte, ob ich schon zur Frau geworden sei, begriff ich sie nicht. Ich dachte, sie meinte mein Alter. Und Sommer um Sommer stellte sie mir dieselbe Frage, und jedesmal sah sie mich ein wenig besorgter an. Ich kümmerte mich nicht viel um sie. Doch als ich so groß war wie meine Mutter und nur ein wenig kleiner als meine Brüder, sahen mich die Leute mit einem merkwürdigen Ausdruck an. Mädchen, die jünger waren als ich, hatten schon Mann und Kind, und ich war immer noch frei wie ein Kind.« Sa' lachte vergnügt, weil sie heute wußte, warum man sie damals so merkwürdig angeschaut hatte.

»Ich fing an zu bemerken, daß sie hinter meinem Rücken lachten, und das verwirrte mich. Doch im Grunde scherte es mich nicht, was die Leute über mich dachten, und so fuhr ich fort zu jagen, die Gegend zu erforschen und zu tun, was mir gefiel. Meine Mutter versuchte, mich dazu zu bewegen, daß ich zu Hause blieb und arbeitete, doch ich rebellierte. Meine Brüder hatten sich Frauen genommen, und ich erklärte meiner Mutter, sie habe genügend andere Hilfe, und mit diesen Worten machte ich mich immer davon. Wenn meine Mutter sich dann an meinen Vater wandte, damit er ein Machtwort sprach, erschien ich mit einem großen Bündel Enten oder Fischen oder irgend etwas anderem zu essen, und mein Vater sagte dann: ›Laß sie in Ruhe.‹ Dann wurde ich älter und wuchs über das Alter hinaus, in dem Frauen Mann und Kind haben sollten, und nun redeten alle über mich. Ich begriff nicht, warum, denn obwohl ich keinen Mann und keine Kinder besaß, leistete ich doch meinen Anteil an Arbeit, indem ich für Nahrung sorgte. Es gab Zeiten, da brachte ich mehr nach Hause als die Männer. Und das schien ihnen nicht zu gefallen. Zu jener Zeit erlebten wir unseren schlimmsten Winter. Es war ebenso kalt wie hier.« Sa' machte eine Bewegung mit der Hand.

»Sogar kleine Kinder starben, und erwachsene Männer gerieten in Panik, denn so sehr sie sich auch mühten, es gelang ihnen nicht, genug Tiere zum Essen zu erlegen. In unserer Gruppe gab es eine alte Frau, die mir bis dahin kaum aufgefallen war. Der Häuptling entschied, daß wir weiterziehen sollten, um Nahrung zu finden. Es gab ein Gerücht, daß wir weit weg von unserem Lagerplatz Karibus finden würden. Das versetzte alle in Aufregung.

Die alte Frau mußte getragen werden. Der Häuptling war gegen diese Last, und so teilte er allen mit, daß wir sie zurücklassen würden. Keiner widersetzte sich, außer mir. Meine Mutter versuchte, mich daran zu hindern, doch ich war jung und unüberlegt. Sie erklärte mir, daß dies um der ganzen Gruppe willen getan werden müsse. Sie kam mir wie eine kalte, gefühllose Fremde vor, wie sie da versuchte, mir meine Empörung auszureden. Und ich schob sie ärgerlich beiseite. Ich war entsetzt und wütend. Ich fand, das Volk war nachlässig und bequem, keiner konnte mehr klar denken. Und es war meine Aufgabe, sie wieder zu Verstand zu bringen. Und so wie ich nun einmal war, ergriff ich Partei für die Frau, von deren Existenz ich bisher kaum Notiz genommen hatte. Ich fragte die Männer, ob sie etwa nicht besser als Wölfe seien, die ihre Alten und Kranken im Stich zu lassen pflegen.

Der Häuptling war ein grausamer Mann. Ich hatte seine Nähe gemieden, bis zu jenem Tag, als ich vor ihm stand und ihm meinen Zorn ins Gesicht schleuderte. Ich merkte, daß er doppelt so wütend war wie ich, aber ich konnte nicht aufhören. Obwohl ich wußte, daß der Häuptling mich nicht leiden mochte, fuhr ich in meinen Anschuldigungen fort und hörte nicht auf ihn, als er meine Vorwürfe zu beantworten suchte. Er hatte falsch gehandelt, und ich wollte es wieder gutmachen. Während ich so redete, hatte ich nicht bemerkt, wie der Schock die Gruppe aus ihrem apathischen Dämmerzustand hochgeschreckt hatte. Das Gesicht des Häuptlings nahm einen furchtbaren Ausdruck an, und er legte seine große Hand über meinen Mund. ›Also gut, du seltsames junges Mädchen‹, sagte er mit lauter Stimme, und ich wußte, er wollte mich auf diese Weise demütigen. Ich spürte, wie mein Kinn sich noch höher reckte, damit er sehen konnte, daß ich stolz und furchtlos blieb. ›Du wirst bei der Alten bleiben.‹ Ich konnte hören, wie meine Mutter nach Atem rang, und auch mir sank das Herz. Doch ich wollte nicht klein beigeben und sah ihm unerschrocken in die Augen.

Meine Familie war tief verletzt, doch Stolz und Scham hielten sie davon ab, sich zu widersetzen. Sie wollten keine Tochter, die sich derart gegen die starken Führer der Gruppe auflehnte. Ich fand nicht, daß die Führer stark waren. Der Häuptling tat von da an so, als existiere ich nicht, und auch alle anderen ignorierten mich, bis auf meine Familie, die mich anflehte, ich solle mich beim Führer entschuldigen. Doch ich gab nicht nach. Mein Stolz wuchs mit jedem Augenblick, während die anderen sich so verhielten, als sei ich nicht vorhanden, und ich fuhr fort, mich für das Leben der alten Frau einzusetzen.« Sa' brach in Lachen aus, als sie an ihre stürmische Jugend dachte.

»Und was geschah danach?« wollte Ch'idzigyaak wissen.

Sa' machte eine Pause und versank noch einmal tief im Schmerz jener lang vergangenen Ereignisse. Mit gedämpfter Stimme fuhr sie fort: »Nachdem sie aufgebrochen waren, war ich nicht mehr so mutig. Im Umkreis von Meilen gab es kein einziges Tier mehr. Aber ich war entschlossen zu beweisen, was meine guten Absichten mir möglich machten. Also aßen die alte Frau und ich - ihren Namen erfuhr ich nie, da ich viel zu beschäftigt damit war, uns am Leben zu erhalten - Mäuse, Eulen und alles, was sich sonst bewegte. Ich tötete es, und wir aßen es. Die Frau starb in jenem Winter. Dann war ich allein. Nicht einmal mein Stolz und mein gewohntes sorgloses Wesen konnten mir weiterhelfen. Ich redete die ganze Zeit mit mir selbst, wen sonst gab es denn dort? Das Volk hätte geglaubt, ich sei verrückt geworden, wenn es zurückgekehrt wäre und mich mit der Luft hätte sprechen hören. Du und ich, wir haben zumindest einander«, sagte Sa' zu ihrer Freundin, die aus vollem Herzen zustimmte und nickte.

»Dann erkannte ich, wie wichtig es war, mit einer großen Gruppe zusammenzusein. Der Körper braucht Nahrung, aber die Seele braucht Menschen. Als endlich die Sonne lang und heiß über das Land kam, erforschte ich die Gegend. Eines

Tages, als ich so dahinwanderte und wie gewöhnlich mit mir selbst redete, sagte jemand: ›Mit wem sprichst du?‹ Einen Moment lang dachte ich, ich hörte Stimmen. Wie angewurzelt blieb ich stehen, drehte mich langsam um und sah mich einem großen, kräftig wirkenden Mann gegenüber, der mich mit gekreuzten Armen auf eine kühne Art anlächelte. Ein Sturm von Gefühlen jagte mir in jenem Augenblick durchs Herz. Ich war überrascht, verlegen und zornig zugleich. ›Du hast mich erschreckt!‹ sagte ich und versuchte, meine wirklichen Gefühle zu verbergen. Weil meine Wangen brannten, wußte ich, daß ich ihn nicht täuschen konnte, und sein Grinsen verstärkte sich. Er fragte mich, was ich hier draußen alleine trieb, und ich erzählte ihm meine Geschichte. In jenem Augenblick spürte ich, daß ich ihm vertrauen konnte. Mit ihm verhielt es sich so, daß man ihn verbannt hatte, weil er verrückt genug gewesen war, sich für eine Frau zu schlagen, die einem anderen Manne bestimmt war. Wir lebten eine lange Zeit miteinander, ehe wir Mann und Frau füreinander wurden. Ich sah meine Familie nie mehr wieder, und es dauerte Jahre, bis wir uns wieder einer Gruppe anschlossen.

Dann versuchte er, mit einem Bären zu kämpfen, und starb. ›Verrückter Mann‹«, sagte sie mit grollender Bewunderung, und eine tiefe Traurigkeit ließ sie ihren Kopf senken.

Es war das erste Mal, daß Ch'idzigyaak ihre Freundin so traurig sah. Sie unterbrach das Schweigen und sagte: »Du warst glücklicher als ich, denn als offensichtlich wurde, daß ich nicht daran interessiert war, mir einen Mann zu nehmen, wurde ich dazu gezwungen, mit einem Mann zu leben, der viel älter war als ich. Ich kannte ihn kaum. Und es dauerte Jahre, bis wir unser Kind bekamen. Als er starb, war er älter, als ich jetzt bin.«

Sa' lachte. »Das Volk hätte mir auch einen Mann ausgesucht, wenn ich noch länger bei der Gruppe geblieben wäre.« Nach einem kurzen Schweigen fuhr sie fort: »Und nun sind wir hier und wirklich alt. Ich höre unsere Knochen knirschen, und man hat uns unserem Schicksal überlassen.« Die Frauen verfielen in Schweigen und kämpften mit ihren Gefühlen. Sie lagen auf ihren warmen Lagern, und draußen zitterte die kalte Erde. Sie dachten an ihre gemeinsamen Erfahrungen. Als sie in einen erschöpften Schlaf sanken, fühlte sich jede der beiden ein wenig mehr zu Hause. Denn beide hatten einander neu kennengelernt, und beide hatten schon vorher harte Zeiten durchgestanden.

Die Tage wurden kürzer, und die Sonne sank tiefer unter den Horizont. Es wurde so kalt, daß die Frauen gelegentlich zusammenzuckten, wenn die Bäume um sie herum unter dem Druck der Kälte laut knackten. Selbst die Weiden zersprangen. Als die Frauen sich nun aber niedergelassen hatten, begann auch ihr Mut zu sinken. Sie fürchteten sich vor den wilden Wölfen, die in der Ferne heulten. Andere eingebildete Ängste quälten sie nicht minder, denn es gab reichlich Zeit zum Nachdenken, während die dunklen Tage langsam vergingen. In dem wenigen

Tageslicht, das ihnen blieb, zwangen sich die Frauen zur Bewegung. Und solange sie auf den Beinen waren, sammelten sie Feuerholz unter dem tiefen Schnee. Wenn auch die Nahrung knapp wurde, so war doch die Wärme ihre Hauptsorge. Und abends saßen sie dann beieinander und unterhielten sich. So versuchten sie, einander die Einsamkeit und die Ängste zu vertreiben, die sie zu überwältigen drohten. Das Volk vergeudete selten kostbare Zeit auf müßige Gespräche. Wenn man redete, so war es, um etwas mitzuteilen, nicht um gesellig zu sein. Doch während jener langen Abende machten diese Frauen eine Ausnahme. Sie redeten. Und sie entwickelten Achtung voreinander in dem Maße, wie eine jede von der vergangenen Not der anderen erfuhr.

Viele Tage vergingen, bevor die Frauen wieder Kaninchen fingen. Es war einige Zeit her, daß sie eine vollständige Mahlzeit genossen hatten. Sie hielten sich bei Kräften, indem sie Fichtenzweige auskochten und daraus einen minzeartigen Tee gewannen. Doch der machte ihre Mägen sauer. Da sie wußten, daß es gefährlich war, nach einer solchen Diät wieder etwas Festes zu sich zu nehmen, kochten die Frauen das Kaninchenfleisch und tranken erst mal nur schluckweise die köstliche Brühe. Nach einem Tag mit nichts als Brühe aßen sie vorsichtig einen Kaninchenschenkel. Im Laufe der folgenden Tage gestatteten sie sich größere Portionen, und bald waren ihre Kräfte zurückgekehrt.

Nachdem sie ihre Zelthütte mit einem Wall aus hoch aufgeschichtetem Holz wie mit einer Barrikade umgeben hatten, fanden die Frauen, daß sie nun mehr Zeit hatten, sich um Nahrungsvorräte zu kümmern. Ihr Jagdgeschick, das sie sich in ihrer Jugend erworben hatten, stellte sich wieder ein, und jeden Tag entfernten sie sich ein bißchen weiter von ihrer Hütte. Sie stellten Kaninchenfallen auf und hielten Ausschau nach anderen Tieren, die klein genug waren, um von ihnen erlegt zu werden. Eine der Regeln, die sie gelernt hatten, lautete, daß man Tierfallen, die man ausgesetzt hatte, regelmäßig kontrollieren muß. Wenn man seine Fallenreihe nicht im Auge behielt, so brachte das Unglück. Also sahen die zwei Frauen, trotz der Kälte und trotz ihrer körperlichen Beschwerden, jeden Tag nach ihren Fallen, und meist fanden sie zur Belohnung ein Kaninchen darin.

Bei Einbruch der Nacht, wenn sie ihre täglichen Aufgaben erledigt hatten, fertigten die Frauen aus den Kaninchenfellen Decken und Kleidung an, aber auch Fausthandschuhe und Gesichtsschutzmasken. Um die Eintönigkeit zu unterbrechen, machte gelegentlich die eine der anderen einen geflochtenen Kaninchenpelzhut oder ein Paar Fäustlinge zum Geschenk. Dann strahlten beide.

Während so die Tage langsam vergingen, verlor die Kälte allmählich ihre Schärfe, und die Frauen erlebten Augenblicke fröhlichen Übermuts – sie hatten den Winter überstanden! Das, was sie an Kräften verloren hatten, gewannen sie nun zurück. Sie sammelten eifrig Feuerholz, kontrollierten die Kaninchenfallen und suchten das weite Gelände nach anderen Tieren ab. Wenn die Frauen auch nicht mehr die Angewohnheit hatten zu klagen, so verloren sie doch allmählich die Lust an ihrer täglichen Kost aus Kaninchenfleisch, und sie ertappten sich dabei, wie sie von anderem Wild zu träumen begannen, wie etwa von Moorschneehühnern, Eichhörnchen oder Biberfleisch.

Als Ch'idzigyaak eines Morgens erwachte, spürte sie, daß etwas nicht stimmte. Ihr Herz klopfte heftig, als sie langsam aufstand und das Schlimmste befürchtete. Sie spähte nach draußen. Zuerst schien alles ruhig, dann entdeckte sie plötzlich eine Schar Moorschneehühner, die ganz in der Nähe an verrotteten Baumstümpfen herumpickte. Mit zitternden Händen holte sie leise einen dünnen Strang Babiche aus ihrem Nähbeutel und schlüpfte vorsichtig aus dem Zelt. Aus dem Holzhaufen wählte sie einen langen Stock, knüpfte an seinem Ende eine Schlinge und kroch langsam auf die Hühnerschar zu.

Als die Vögel die Anwesenheit der Frau bemerkten, fingen sie an, unruhig zu keckern. Da Ch'idzigyaak wußte, daß die Vögel drauf und dran waren, die Flucht zu ergreifen, hielt sie einen Augenblick inne. Sie gab ihnen Zeit, sich zu beruhigen. Jetzt waren die Tiere nicht mehr sehr weit von ihr entfernt, und sie hoffte, Sa' würde nicht aufwachen und ein Geräusch machen, das die Vögel verscheuchte. Mit schmerzenden Knien und zitternden Händen schob Ch'idzigyaak vorsichtig den Stock vor sich her. Einige Schneehühner flogen aufgeregt zu einem anderen Weidengebüsch in der

Nähe, doch Ch'idzigyaak ignorierte sie standhaft und hob langsam den Stock, als die restlichen Vögel eiliger umherliefen. Sie konzentrierte sich auf das Schneehuhn, das ihr am nächsten war. Es bewegte sich in kleinen Schritten auf die Schlinge zu, während sein Kopf auf und nieder nickte. Als die Vögel begannen, geräuschlos loszulaufen und aufzufliegen, schob Ch'idzigyaak die Schlinge noch weiter, bis der Kopf des Vogels direkt hineinrutschte. Dann riß sie den Stock hoch, der Vogel kreischte und zappelte, bis er schließlich reglos in der Schlinge hing. Ch'idzigyaak stand mit dem toten Schneehuhn in der Hand auf, drehte sich um, sah zum Zelt und entdeckte ihre Freundin, deren Gesicht ganz faltig vor Lächeln war. Ch'idzigyaak lächelte zurück.

Dann sah sie zum Himmel hoch und verspürte einen Hauch Wärme. »Das Wetter wird besser«, sagte Sa' weich, und die Augen der älteren Frau weiteten sich in Erstaunen. »Ich hätte es bemerken müssen. Wenn es kälter wäre, dann wäre ich in meiner Rolle als schleichender Fuchs festgefroren.« Die Frauen mußten mächtig darüber lachen, während sie zurück in ihr Zelt gingen, um das Fleisch einer kommenden neuen Jahreszeit zu kochen. Nach jenem Morgen wechselte das Wetter zwischen grimmiger Kälte und warmen, schneereichen Tagen. Und es konnte die Lebensgeister der Frauen auch nicht dämpfen, daß sie keinen weiteren Vogel fingen. Denn die Tage wurden allmählich länger, wärmer und heller.

5

Ein Fischvorrat wird angelegt

Bald war der Winter vorüber, und die zwei alten Frauen verbrachten mehr Zeit mit der Jagd auf Wild. Sie taten sich an den munteren kleinen Eichhörnchen gütlich, die von Baum zu Baum hüpften, und an den Scharen von Moorschneehühnern, von denen die Gegend zu wimmeln schien.

Mit den warmen Frühlingstagen kam auch die Zeit für Bisamrattenjagd. Vor langer Zeit hatten die Frauen gelernt, wieviel Geschick und Geduld dazu erforderlich war. Zuerst einmal mußten spezielle Netze und Fallen hergestellt werden. Die Frauen bogen einen Weidenzweig zu einem Kreis und wickelten die Enden fest zusammen. In diesen Rahmen flochten sie dünne Streifen aus Elchleder, so daß schließlich ein etwas plumper, aber stabiler Kescher entstand. Eines sonnigen Tages dann machten sie sich auf, um nach Bisamrattentunneln zu suchen.

Sie mußten lange gehen, bis sie zu einer Ansammlung von Seen kamen, an denen sie Spuren von Bisamratten entdeckten. Sie wählten sich einen See aus, auf dem noch kleine, schwarze Hügel im morschen Eis zu erkennen waren – lauter Bisamrattenhäuser. Nachdem sie den Bisamrattentunnel ausgekundschaftet hatten, markierten die Frauen die beiden Enden des unterirdischen Ganges mit je einem Stock. Wenn sich einer der Stöcke bewegte, so bedeutete das, daß eine Bisamratte durch den Tunnel lief, und wenn sie dann in der Öffnung auftauchte, schnappte eine der Frauen sie mit ihrem Kescher und machte ihrem Leben mit einem Schlag auf den Kopf ein Ende. Am ersten Tag fingen die Frauen zehn Bisamratten. Aber sie waren auch völlig erschöpft von dem anstrengenden Bücken und Warten, und der Rückweg zum Lager wurde ihnen lang.

Die Frühlingstage ließen den Frauen wenig Zeit zum Plaudern und Grübeln über die Vergangenheit, da sie ununterbrochen auf Bisamrattenjagd waren und gelegentlich auch ein paar Biber fingen. Alle Tiere räucherten sie, um sie haltbar zu machen. Ihre Tage waren so ausgefüllt damit, daß sie kaum Zeit zum Essen fanden, und nachts schliefen sie tief und fest. Schließlich beschlossen sie, daß sie mehr als nur ihren Bedarf an Bisamratten und Bibern gefangen hatten, und sie packten alles zusammen und zogen die Last zu ihrem Hauptlager.

Trotzdem fühlten die Frauen sich nicht sicher. Die Gegend war jetzt reich an Tieren, und sie hielten es für möglich, daß andere Menschen auftauchen könnten. Andere Menschen hieß normalerweise Menschen ihrer Art. Doch nachdem sie an jenem kalten Wintertag ausgesetzt worden waren, fühlten die Frauen sich der jüngeren Generation gegenüber wehrlos. Sie hatten ein Vertrauen verloren, von dem sie wußten, sie würden es nie mehr wiedererlangen. Nun machte sie ihr Mißtrauen argwöhnisch. Was würde geschehen, wenn zufällig jemand ihren wachsenden Nahrungsvorrat entdeckte? Sie sprachen darüber, was sie in solchem Fall tun sollten, und nach einer Weile kamen sie darin überein, daß sie am besten zu einem weniger verlockenden Platz umzögen - einem Platz, an dem andere kein Interesse hatten, vielleicht auch einem Platz, an dem es sich schwer leben ließe mit den riesigen Schwärmen von Sommerinsekten.

Die Aussicht auf all die blutdürstigen Mücken, die in den dichten, buschigen Weidengehölzen und in den Bäumen auf sie lauerten, begeisterte sie überhaupt nicht. Doch die Angst vor anderen Menschen war größer. Also packten sie alles, was sie besaßen, zusammen und begannen mit dem lästigen Aufbruch zu ihrem neuen Versteck. Sie beschlossen, während der Tageshitze zu arbeiten, solange sich die Mücken noch nicht zeigten. Nachts saßen sie, um sich zu schützen, an einem qualmenden Feuer. Es dauerte Tage, bis sie das Lager verlegt hatten, doch schließlich standen die Frauen am Bach, warfen einen letzten langen Blick in die Runde und hofften, ein Windstoß möge alle Spuren ihrer Anwesenheit verwehen.

Vor ihrem Entschluß umzuziehen hatten die

Frauen große Mengen Birkenrinde von den Bäumen gelöst. Nun erkannten sie ihren Fehler. Obwohl sie aus Gewohnheit immer nur die Rinde von weit auseinanderstehenden Bäumen entfernt hatten, wußten die Frauen, daß ein wachsames Auge die Stellen entdecken würde. Sie wußten aber auch, daß daran nun nichts mehr zu ändern war, fügten sich in ihr Schicksal und verließen das Lager, um zu dem wenig schönen Platz im Gehölz zu ziehen.

Die folgenden Frühlingstage verbrachten die beiden Frauen mit dem Versuch, ihr neues Lager ein wenig wohnlicher zu gestalten. Sie errichteten ihre Zelte im tiefen Schatten hoher Fichten, versteckt zwischen dichtem Weidengebüsch. Dann fanden sie eine kühle Stelle, gruben ein tiefes Loch und legten es mit Weidenzweigen aus. Dort hinein lagerten sie ihren großen Vorrat an getrocknetem Fleisch für den Sommer. Gleichzeitig stellten sie über diesem Versteck einige Fallen auf, um sämtliche Räuber mit guten Nasen abzuschrecken. Die Mücken waren überall, und während ihrer Arbeit verließen die Frauen sich auf altbewährte Methoden, um zu verhindern, daß sie bei lebendigem Leibe aufgefressen wurden. Sie hängten sich lederne Quasten ums Gesicht und an ihre dicke Kleidung, um sich vor den Stichen von kleineren Insekten zu schützen. Und wenn sie fast verrückt wurden, schmierten sie ihre Haut mit Bisamrattenschmalz ein, als Abschreckung gegen die Horden der fliegenden Pest. Unterdessen hatten sie sich einen verborgenen schmalen Weg zum Bach geschaffen, wo sie ihr

Wasser holten und, mit herannahendem Sommer, ihre Fischreusen stellten. Als die Reusen erst mal eingerichtet waren, war der Fischfang für die Frauen nicht mehr schwierig. Sie fanden nur, daß sie näher an den Bach ziehen mußten, um mit dem Ausweiden und Trocknen nachzukommen. Es dauerte nicht lange, da begann ein Bär, sich an dem gelagerten Fisch zu bedienen. Das beunruhigte sie, doch nach einer Weile trafen sie ein ungewöhnliches Abkommen mit ihm. Sie trugen die Eingeweide der Fische an eine Stelle, weit vom Lager entfernt, dort konnte der gierige Bär sich faul herumtreiben und nach Herzenslust naschen.

Viel zu bald schon lag die Sonne wieder orangefarben am Abendhorizont, und die Frauen wußten, daß der Sommer im Schwinden begriffen war. Um diese Zeit suchten die Lachse sich, sehr zur Freude der Frauen, ihren Weg bachaufwärts, um zu laichen, und für eine Weile hatten sie mit den rötlichen Fischen zu tun. Der Bär verschwand aus der Gegend, doch die Frauen entledigten sich der Fischinnereien weiterhin tiefer unten am Bach. Wenn der Bär sie auch nicht mehr fraß, so würden bald genug schon die Raben sie verschlingen. Die Frauen gingen allerdings sehr sparsam damit um und benutzten viele Teile der Fische auch für andere Zwecke. Zum Beispiel konnten sie die Lachsdärme auch gut als Wasserbehälter gebrauchen, und die Haut verarbeiteten sie zu runden Beuteln für getrockneten Fisch. All diese Aufgaben hielten sie so in Atem, daß sie von früh morgens bis spät abends auf den Beinen waren, und ehe sie sich's versahen, war der kurze arktische Sommer vorbei, und schleichend nahte der Herbst heran.

Als die neue Jahreszeit begann, ließen die Frauen das Fischen und schafften ihre großen Vorräte in das verborgene Lager. Dort sahen sie sich vor einem neuen Problem. Sie hatten so viel Fisch gehortet, daß ihnen Platz zum Lagern fehlte, und da der Winter herannahte, gab es nicht wenige kleine Tiere, die sich ihr Winterfutter suchten. Schließlich bauten sie Gerüste für ihre Fische, und darunter breiteten sie große Mengen Dornengestrüpp aus, das die Tiere davon abhalten sollte, sich an ihrem Fisch zu schaffen zu machen. Vielleicht war es diese Methode, die half, vielleicht war es aber auch nur Glück – jedenfalls blieben die Tiere ihrem Vorratslager fern.

Weit hinter dem Lager befand sich ein niedriger Hügel. Die Frauen hatten bisher noch nicht die Zeit gefunden, ihn zu erforschen. Eines Tages jedoch, als die Sommerfischerei beendet war, überlegte Sa', was für Kostbarkeiten wohl auf diesem Hügel oder in seiner Nähe verborgen waren. So nahm sie also Speer und Bogen, dazu die Pfeile, die sie sich hergestellt hatten, und verkündete, sie wolle den Hügel besuchen. Ch'idzigyaak war zwar nicht einverstanden, doch sie sah, daß sie ihre Freundin nicht aufhalten konnte.

»Du brauchst nur das Feuer in Gang zu halten und deinen Speer in Reichweite zu haben, und du bist sicher«, sagte Sa', als sie aufbrach. Ch'idzigyaak blieb zurück und schüttelte mißbilligend den Kopf.

Für Sa' war es ein Tag der Ungebundenheit. Sie konnte sich gar nicht erinnern, wie lange es schon her war, daß sie sich so unbeschwert gefühlt hatte, und wie ein Kind griff sie gierig nach diesem Gefühl. Der Tag war herrlich. Die Blätter hatten sich zu einem leuchtenden Gold verfärbt, die Luft war klar und frisch, und es fehlte nicht viel, und sie wäre in einer Tierfährte entlanggehüpft. Von weitem hätte man nicht erkennen können, daß Sa' eine alte Frau war, so beschwingt und energiegeladen wirkte sie. Als sie oben angekommen war, hielt sie vor Überraschung den Atem an. Überall vor ihren Augen wuchsen Preiselbeeren. Sie fiel auf ihre Knie, begann aufgeregt, ganze Hände voll zu pflücken, und stopfte sich die kleinen roten Früchte in den Mund. Doch während sie so die köstliche Speise hinunterschlang, ließ eine Bewegung im nahen Gebüsch sie plötzlich erstarren.

Sa' zwang sich, vorsichtig in die Richtung des Geräuschs zu schauen, und war auf das Schlimmste gefaßt. Sie war erleichtert, als sie erkannte, daß es sich nur um einen Elchbullen handelte. Doch dann fiel ihr ein, daß ein Elchbulle zu dieser Jahreszeit das furchtbarste Wesen auf vier Beinen sein konnte: Während Bullen gewöhnlich sehr scheu sind, kennen sie in ihrer Brunstzeit keine Angst mehr, weder vor Menschen noch vor allem anderen, was sich bewegt oder ihnen im Wege steht.

Der Elchbulle verharrte eine ganze Weile, als wäre er genauso erstaunt und ratlos über die kleine Frau, die da vor ihm stand, wie sie über ihn. Als ihr

Puls sich wieder beruhigt hatte, stellte Sa' sich den köstlichen Geschmack des Elchfleischs vor und dachte dabei an die langen Wintermonate, die vor ihnen lagen. Und in einem weiteren Augenblick verrückter Unüberlegtheit griff sie sich einen Pfeil aus ihrem Bündel und spannte den Bogen. Bei dieser Bewegung stellte der Elch seine Ohren auf, wandte sich um und lief genau in dem Augenblick in die andere Richtung, als der Pfeil, ohne Schaden anzurichten, auf dem weichen Boden landete.

Sa' forderte ihr Schicksal heraus und folgte ihm. Sie konnte nicht mehr so gut laufen wie in ihrer Jugend, doch mit etwas, was eher nach Humpeln als nach richtigem Laufen aussah, schaffte sie es, das große Tier zu verfolgen. Nun kann ein Elch jederzeit einen Menschen abhängen, es sei denn, es liegt zuviel Schnee. Doch an einem schneelosen Tag wie diesem stürmte der Elch weit voraus, und schließlich sah Sa', während sie nach Luft rang, gerade noch sein mächtiges Hinterteil im Gebüsch verschwinden. Dann aber blieb der große Bulle immer wieder stehen, fast als wollte er sein Spiel mit Sa' treiben. Und jedesmal, wenn sie ihn fast eingeholt hatte, spurtete er wieder los. Gewöhnlich läuft ein Elch seinem Verfolger so weit davon, wie er nur kann. Doch an diesem Tag hatte der Elch keine große Lust zum Laufen. Er fühlte sich auch nicht bedroht, deshalb konnte die alte Frau ihn in Sichtweite behalten. Sie war trotzig und wollte nicht nachgeben, obwohl sie wußte, daß sie aus dem Felde geschlagen war. Gegen Ende des Nachmittags schien der Elch das Spiel leid zu sein. Aus den Winkeln seiner dunklen, runden Augen schaute er sich nach ihr um, und mit einem kurzen Zucken seiner Ohren begann er schneller zu laufen. Erst da gestand Sa' sich ein, daß sie niemals würde aufholen können. Geschlagen starrte sie in die leeren Büsche. Dann wandte sie sich langsam um und dachte bei sich: ›Wenn ich doch vierzig Jahre jünger wäre, vielleicht hätte ich ihn dann erwischt.‹

Sa' brauchte einige Tage, bis sie sich von ihrem Abenteuer mit dem Elch erholt hatte, und so saßen die zwei alten Frauen still beieinander und flochten Birkenrinde zu großen runden Körben. Dann gingen sie gemeinsam zu dem Hügel und pflückten so viele Beeren, wie sie tragen konnten. Inzwischen war es Herbst geworden, die Nächte wurden kühler und erinnerten die Frauen daran, daß sie keine Zeit verlieren durften und ihren Holzvorrat für den Winter sammeln mußten.

Sie stapelten große Holzberge um ihr Vorratslager und um das Zelt herum, und nachdem sie alles Holz in der Nähe des Lagers aufgesammelt hatten, gingen sie tiefer in den Wald hinein und trugen weitere Bündel Holz auf dem Rücken zurück. Das machten sie so lange, bis Schneeflocken vom Himmel fielen. Und eines Tages wachten sie in einem Land auf, das ganz in Weiß gehüllt war. Nun, da der Winter nicht mehr fern war, verbrachten die Frauen mehr Zeit am warmen Feuer im Innern ihrer Behausung. Das Leben schien ihnen jetzt, wo sie vorbereitet waren, leichter zu fallen.

Bald gewöhnten die Frauen sich an ihre neue tägliche Routine. Sie sammelten Holz, sahen nach den Kaninchenfallen und schmolzen Schnee zu Wasser. An den Abenden saßen sie am Feuer und leisteten einander Gesellschaft. In den vergangenen Monaten waren die Frauen zu geschäftig gewesen, um über das nachzudenken, was ihnen widerfahren war, und wenn ihnen solche Gedanken einmal in den Sinn kommen wollten, dann verboten sie sie sich. Doch nun, da sie an den Abenden wenig zu tun hatten, tauchten diese unwillkommenen Gedanken immer wieder auf. Und bald redeten beide Frauen kaum mehr miteinander, bis sie schließlich nur noch gedankenverloren in das kleine Feuer starrten. Sie spürten, daß es tabu war, an die zu denken, die sie im Stich gelassen hatten. Doch jetzt bohrten sich diese Gedanken hinterhältig in ihr Hirn.

Die Dunkelheit dauerte nun wieder länger, und das Land wurde schweigsam und reglos. Es kostete die beiden Frauen sehr viel Anstrengung, genügend Beschäftigung für ihre langen Tage zu finden. Sie nähten sich lauter verschiedene Kleidungsstücke – Fäustlinge, Hüte und Gesichtsschutzmasken zum Beispiel. Und dennoch. Sie fühlten, wie eine große Einsamkeit sie allmählich zu umzingeln begann.

6

Das Volk trauert

Der Häuptling stand und musterte seine Umgebung mit Augen, die in ihrer tiefen Traurigkeit noch ein wenig älter schienen. Sein Volk war in einem verzweifelten Zustand. Augen und Wangen in den ausgezehrten Gesichtern der Menschen waren eingefallen, und ihre zerrissene Kleidung vermochte kaum die bittere Kälte abzuhalten. Viele unter ihnen hatten Froststellen. Das Glück hatte sich gegen sie gekehrt. Auf der Suche nach Wild waren sie in ihrer Not wieder zu dem Ort zurückgekehrt, an dem sie im vorhergehenden Winter die zwei alten Frauen im Stich gelassen hatten.

Traurig erinnerte der Häuptling sich daran, wie er den Drang bekämpft hatte, umzukehren und die zwei Alten zu retten. Hätte er sie jedoch wieder in die Gruppe aufgenommen, wäre es vielleicht noch böser für ihn ausgegangen. Viele der ehrgeizigen jungen Männer hätten es ihm als einen Akt der Schwäche ausgelegt. Und so wie sich ihr weiteres Leben entwickelte, wäre das Volk leicht zu überzeugen gewesen, daß auf seinen Führer kein Verlaß war. Nein, der Häuptling war ganz sicher, daß ein drastischer Wechsel in der Führung noch mehr Schaden angerichtet hätte als der Hunger. Denn in Zeiten, da eine Gruppe nichts zu essen hat, führt eine schlechte Politik nur zu weiterem Unheil. Der Häuptling mußte an jenen Augenblick furchtbarer Schwäche denken, als er seinen Gefühlen beinahe gestattet hätte, sie alle ins Verderben zu stürzen.

Jetzt litt das Volk erneut, und in diesem Winter sahen die Menschen sich am Rande der Hoffnungslosigkeit. Nachdem es den alten Frauen den Rücken gekehrt hatte, war das Volk viele mühselige Meilen gereist, bevor es auf eine kleine Karibuherde stieß. Das Fleisch ernährte sie bis zum Frühling, dann begannen sie Fische, Eulen, Bisamratten und Biber zu fangen. Doch kaum waren sie wieder so weit bei Kräften, daß sie jagen und die Beute trocknen konnten, da war der Sommer auch schon vorüber, und es wurde Zeit, an den Aufbruch zu einem Ort zu denken, an dem sie Winterfleisch finden könnten. Soviel Unglück war dem Häuptling noch nie widerfahren. Während sie reisten, kam und ging der Herbst, und schon wieder hatte die Gruppe kaum noch Vorräte. Jetzt schaute der Häuptling das Volk müde an. Sorgen und Selbstzweifel quälten ihn. Wie lange würde er noch durchhalten können, bevor auch er ein Opfer von Hunger und Erschöpfung wurde und seine Entscheidungen davon lenken ließ? Das Volk schien seinen Überlebenswillen verloren zu haben. Offenbar scherte es die Men-

schen nicht mehr, was er zu ihnen sagte. Mit trüben Augen starrten sie ihn an, als rede er Unsinn.

Noch etwas anderes bereitete dem Häuptling Sorgen, und das war seine Entscheidung, wieder zu dem Ort zu ziehen, an dem sie die alten Frauen zurückgelassen hatten. Niemand hatte Widerspruch erhoben, als er sie hierher führte, doch der Häuptling wußte, daß sie überrascht waren. Nun standen sie herum und sahen aus, als erwarteten sie etwas von ihm oder als erwarteten sie die zwei Frauen zu sehen. Der Häuptling vermied es, ihnen in die Augen zu schauen, er wollte sie nicht merken lassen, daß er ebenso verwirrt war wie sie. Kein einziges Zeichen wies darauf hin, daß irgend jemand an diesem Ort ausgesetzt worden war. Kein einziger Knochen bezeugte, daß die Alten gestorben waren. Selbst wenn ein Tier ihre Knochen vom Fleisch gesäubert hätte, so wäre doch irgend etwas übriggeblieben, was darauf hingedeutet hätte, daß hier Menschen gestorben waren. Aber da war nichts, nicht einmal das Zelt, das die Frauen beherbergt hatte.

In dem Volk gab es einen Anführer mit Namen Daagqq. Er war ein alter Mann, zwar jünger als die beiden alten Frauen, doch trotzdem wurde er als ein Alter angesehen. In seinen jungen Jahren war Daagqq ein Fährtensucher gewesen, doch die Jahre hatten seine Augen und seine Fähigkeiten geschwächt. Er sprach aus, was keiner der anderen wahrhaben wollte. »Vielleicht sind sie weitergezogen«, sagte er mit leiser Stimme, damit nur der

Häuptling ihn hörte. Doch in der Stille verstanden ihn viele, und manche spürten etwas wie Hoffnung für die Frauen, denn so manche hatten sie gemocht.

Nachdem das Lager errichtet worden war, rief der Häuptling den Anführer und drei seiner stärksten jungen Jäger zu sich. »Ich weiß nicht, was hier geschieht, doch ich habe das Gefühl, nicht alles ist so, wie es zu sein scheint. Ich möchte, daß ihr zu den Lagern hier im Umkreis geht und schaut, was ihr findet.«

Der Häuptling äußerte nicht, was er vermutete. Doch er wußte, der Anführer und die drei Jäger verstanden ihn. Vor allem Daagqq, denn er hatte den Häuptling jahrein, jahraus beobachtet und konnte mittlerweile erraten, was er dachte. Daagqqq achtete den Häuptling und merkte, daß er sich für die Rolle, die er bei der Aussetzung der alten Frauen gespielt hatte, selber haßte. Daagqq wußte, daß der Häuptling seine eigene Schwäche verachtete. Er las es aus den scharfen Linien, die die Bitterkeit in sein Gesicht gegraben hatte. Der alte Mann seufzte. Er wußte, es würde nicht lange dauern, und der Selbstekel forderte seinen Tribut. Ihm gefiel der Gedanke nicht, daß ein so guter Mann wie der Häuptling sich auf diese Weise selbst zerstörte. Ja, er wollte herauszufinden suchen, was mit den Frauen geschehen war, selbst wenn seine Mühe umsonst sein sollte.

Lange nachdem die vier Männer aufgebrochen waren, starrte der Häuptling ihnen noch hinterher. Er konnte keinen klaren Grund dafür angeben, warum er kostbare Kraft und Zeit auf etwas verschwendete, was vielleicht nur vergebliche Anstrengung bedeutete. Doch auch in ihm regte sich ein merkwürdiges Gefühl der Hoffnung. Hoffnung worauf? Er wußte keine Antwort. Alles, was der Häuptling mit Sicherheit wußte, war, daß das Volk in harten Zeiten zusammenhalten sollte, und das hatten sie im vergangenen Winter nicht getan. Sie hatten sich selber und den zwei alten Frauen ein Unrecht zugefügt. Und er wußte, daß das Volk seit jenem Tag stumm gelitten hatte. Es wäre gut, wenn die beiden Frauen noch lebten. Der Häuptling wußte aber auch, daß alles gegen diese Hoffnung sprach. Wie konnten zwei schwache Frauen die grimmige Kälte ohne Nahrung und ohne die Kraft zum Jagen überstehen? Der Häuptling sah das wohl ein, doch er mochte den kleinen Funken Hoffnung, der nach all den elenden Monaten aufgeflammt war, nicht zum Verlöschen bringen. Fände man die Frauen lebend, so wäre dem Volk eine zweite Chance geschenkt. Und vielleicht war es das, worauf er am meisten hoffte.

Jeder der vier Männer war daran gewöhnt, lange Strecken zu laufen. Während die Reise zu ihrem ersten Lager die zwei alten Frauen im vorhergehenden Jahr mehrere Tage gekostet hatte, brauchten die vier Männer dafür nur einen einzigen. Sie fanden nichts als unendlich viel Schnee und Bäume. Der Suchtrupp schätzte seine begrenzten Kräfte ein und beschloß, die Nacht dort zu verbringen. Beim ersten Morgengrauen waren die Männer schon wieder unterwegs.

Und bei schwindendem Tageslicht erreichten sie das zweite Lager. Doch die jungen Männer entdeckten keine Anzeichen dafür, daß es in letzter Zeit benutzt worden war. Ungeduld bemächtigte sich ihrer. Sie waren zwar von Kindheit an dazu erzogen, ältere Menschen zu achten, manchmal aber fanden sie, daß sie mehr wußten als die Alten. Auch wenn sie es nicht aussprachen, so hatten sie doch das Gefühl, daß sie kostbare Zeit vergeudeten, anstatt auf Elchjagd zu gehen.

»Laßt uns umkehren«, schlug einer der jungen Männer vor, und die anderen waren schnell einverstanden.

Die Augen des alten Fährtensuchers blitzten belustigt auf. Wie ungeduldig sie waren! Doch Daagqq kritisierte die anderen nicht, denn auch er war in seiner Jugend ungeduldig gewesen. Statt dessen sagte er: »Seht euch genauer um.« Die jungen Jäger sahen ihn verständnislos an.

»Seht euch jene Birken dort genau an«, beharrte er, und die Männer starrten mit leerem Blick auf die Bäume. Sie entdeckten nichts Ungewöhnliches. Daagqq seufzte, und das machte einen der jungen Männer hellhörig. Er bemühte sich erneut herauszufinden, was der alte Mann sah. Schließlich weiteten sich seine Augen. »Schaut!« rief er und wies auf eine freie Stelle an einem Birkenstamm. Und dann entdeckten sie, daß auch andere Bäume, die weit verstreut auf dem Gelände wuchsen, sorgfältig von ihrer Rinde befreit worden waren, fast so, als habe man nicht gewollt, daß es bemerkt würde.

»Vielleicht war es eine andere Gruppe«, sagte einer der Männer.

»Warum hätten sie versuchen sollen, die nackten Stellen an den Stämmen nicht auffallen zu lassen?« fragte Daagqq. Die jungen Männer zuckten die Achseln, sie wußten keine Antwort.

Dann gab Daagqq ihnen Anweisungen. »Bevor wir umkehren«, sagte er, »möchte ich die Gegend hier untersuchen.« Ehe sie protestieren konnten, schickte der Anführer sie in verschiedene Richtungen. »Wenn euch irgend etwas Ungewöhnliches auffällt, kommt sofort zurück, damit wir gemeinsam hingehen und schauen, was es ist.« Müde, wie sie waren, begannen die Männer mürrisch mit der Suche. Sie glaubten nicht daran, daß die zwei Frauen noch lebten.

Daagqq selber schlug den Weg ein, von dem er vermutete, daß die Frauen ihn genommen hatten. »Wenn ich Angst davor hätte, von dem Volk gefunden zu werden, das mich zum Sterben ausgesetzt hat, dann würde ich in diese Richtung gehen«, murmelte er zu sich selber. »Eigentlich ist es ein unsinniger Weg, weil er sich weit vom Wasser entfernt. Doch im Winter haben sie ja den Fluß nicht gebraucht, deshalb glaube ich, daß dies der Weg sein könnte.«

Daagqq legte eine große Strecke zurück, durch Weidengebüsch und unter hohen Fichten entlang. Während er weiter und weiter durch den Schnee stapfte, wurde er allmählich müde und fragte sich, ob er auch das Richtige tat. Wie konnte man nur auf die Idee verfallen, daß zwei alte Frauen jenen Winter überlebten, den sie, das Volk, fast nicht überstanden hatten? Und dann noch diese zwei Frauen. Alles, was sie konnten, war klagen. Selbst wenn kleine Kinder hungrig waren, jammerten und nörgelten sie. Wieder und wieder hatte Daagqq gehofft, daß jemand sie zum Schweigen brachte, doch das war nie geschehen, zumindest nicht bis zu jenem Tag, als die Dinge außer Kontrolle gerieten.

Daagqq bekam allmählich den Eindruck, daß er auf einer vergeblichen Jagd war. Die zwei Frauen hatten sich bestimmt verirrt und waren unterwegs gestorben. Vielleicht hatten sie auch versucht, den Fluß zu überqueren, und waren ertrunken.

Während ihm all diese niederdrückenden Gedanken durch den Kopf gingen, bekam er immer mehr Zweifel. Darin roch er plötzlich etwas. In der kristallklaren Winterluft schwebte eine schwache Rauchwolke an seiner Nase vorbei und war schon verschwunden. Daagqq blieb ganz ruhig stehen und versuchte, noch einmal etwas von dem Geruch zu erhaschen, doch da war nichts mehr. Einen Augenblick lang dachte er, der Rauch sei Einbildung gewesen. Vielleicht hatte ein nahegelegenes Sommerfeuer seinen schwelenden Geruch in der Luft zurückgelassen. Weil er das aber nicht glauben wollte, machte der alte Mann vorsichtig in seinen Fußstapfen kehrt, bis er wieder den Rauch roch. Es war ein sehr schwacher Geruch, doch diesmal wußte Daagqq, daß es sich nicht um das Überbleibsel eines Sommerfeuers handelte. Nein, dieser

Rauch hatte etwas Frisches an sich. Aufgeregt probierte er verschiedene Richtungen, bis der Rauch stärker wurde. Er war überzeugt, daß er von einem Lagerfeuer in der Nähe stammte. Ein breites, faltiges Lächeln legte sich über sein Gesicht, und eine Gewißheit erfüllte ihn – die Frauen lebten.

Daagqq eilte zurück, um die jungen Männer zu holen, die ungeduldig warteten. Eigentlich hatten sie keine Lust, seinem Wink zu gehorchen, doch schließlich folgten sie ihm widerwillig in die Nacht hinein, und es schien ihnen ein sehr langer Weg zu sein. Endlich hob Daagqq seine Hand und ließ sie anhalten. Er reckte seine Nase in die Luft und befahl ihnen, auch zu riechen. Die Jäger schnüffelten, doch sie rochen nichts. »Was sollen wir denn riechen?« fragten sie.

»Versucht einfach weiter zu schnuppern«, antwortete Daagqq, also beschnüffelten die Männer wieder die Luft, bis einer ausrief: »Ich rieche Rauch!« Die anderen wanderten jetzt etwas aufmerksamer umher und sogen die Luft ein. Und schließlich rochen sie es auch. Immer noch skeptisch, fragte einer der jungen Männer Daagqq, was er denn zu finden glaube. »Wir werden sehen«, sagte der Spurensucher nur und leitete sie weiter dem Rauch entgegen.

Der alte Mann suchte mit den Augen die Dunkelheit zu durchdringen, um das Licht eines Lagerfeuers zu entdecken. Doch er sah nichts als die Silhouetten der Fichten und Weiden. Mit Hilfe des schwachen Lichts der vielen Sterne am Himmel konnte er feststellen, daß der Schnee keine menschlichen Spuren aufwies. Alles war still, nichts regte sich. Doch das Vorhandensein von Rauch bewies ihm, daß irgendwo in der Nähe jemand sein Lager aufgeschlagen hatte. So gewiß wie das Blut durch seine Adern rollte, so zuversichtlich war der alte Fährtensucher nun, daß die zwei alten Frauen noch lebten und in diesem Augenblick ganz nahe waren. Er konnte seine Aufregung nicht mehr verbergen, wandte sich den jungen Männern zu und sagte: »Die zwei alten Frauen sind nicht fern.« Den Männern rieselte es kalt den Rücken hinunter. Sie wollten immer noch nicht glauben, daß die beiden Alten überlebt hatten.

Daagqq legte die Hände an den Mund, rief die Namen der Frauen in die samtene Nacht und gab sich auch selbst zu erkennen. Dann wartete er und hörte nur, wie der Schall seiner eigenen Worte von der Stille verschluckt wurde.

7

Das Schweigen wird gebrochen

Ch'idzigyaak und Sa' hatten sich zur Ruhe begeben. Wie gewöhnlich saßen die beiden Frauen, wenn sie ihre täglichen Pflichten erledigt und ihr Abendessen verzehrt hatten, am Feuer und plauderten miteinander. In letzter Zeit sprachen sie öfter von dem Volk. Die Einsamkeit und die Zeit hatten ihre schmerzlichsten Erinnerungen getilgt, und Haß und Schrecken, die ihnen der unerwartete Treubruch im letzten Jahr beschert hatte, schienen inzwischen betäubt durch all die vielen Nächte, die sie allein mit ihren Gedanken verbracht hatten. Alles kam ihnen wie ein vergangener Traum vor. Jetzt aber, mit wohlig gefüllten Mägen und in der Annehmlichkeit ihres Zeltes, ertappten sie sich plötzlich bei einem Gespräch darüber, wie sehr ihnen das Volk fehlte. Als die Unterhaltung versickerte, saßen die Frauen schweigend da, jede in ihre eigenen Gedanken versunken.

Auf einmal hörten sie, mitten in die Stille hinein, wie ihre Namen gerufen wurden. Über das Feuer hinweg begegneten sich ihre Augen, und die Frauen wußten, was sie hörten, war keine Einbildung. Die Stimme des Mannes wurde lauter, und er nannte seinen Namen. Die Frauen kannten den alten Anführer. Vielleicht konnten sie ihm trauen. Doch was war mit den anderen? Es war Ch'idzigyaak, die zuerst sprach. »Selbst wenn wir nicht antworten, werden sie uns finden.«

Sa' stimmte ihr zu. »Ja, sie werden uns finden«, sagte sie, und tausend Gedanken schossen ihr durch den Kopf.

»Was sollen wir tun?« jammerte Ch'idzigyaak voller Entsetzen.

Sa' brauchte eine Weile, um nachzudenken. Dann sagte sie: »Wir müssen ihnen zeigen, daß wir hier sind.« Als sie den verstörten Blick ihrer Freundin bemerkte, sprach sie schnell mit sanfter, beruhigender Stimme weiter. »Wir müssen tapfer sein und ihnen entgegentreten. Doch, meine Freundin, sei auf alles gefaßt.« Sie wartete einen Augenblick, dann fügte sie hinzu: »Selbst auf den Tod.« Das tröstete Ch'idzigyaak überhaupt nicht. Sie wirkte so angsterfüllt, wie ihre Freundin sie noch nie erlebt hatte.

Lange saßen die Frauen so da und versuchten, all ihren Mut zusammenzufassen. Sie wußten, daß sie nicht länger fortlaufen konnten. Schließlich stand Sa' als erste auf. Sie ging hinaus in die kalte Nacht und rief mit heiserer Stimme: »Wir sind hier!«

Daagqq war geduldig und wachsam stehenge-

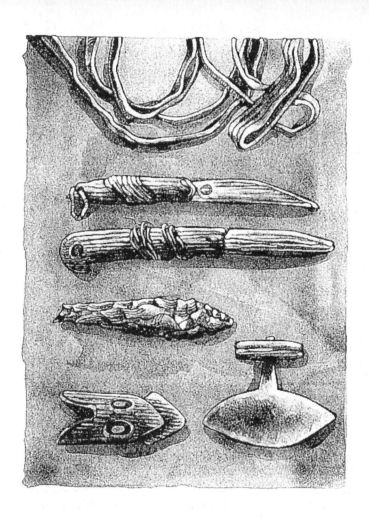

blieben, während die jungen Männer ihn zweifelnd anschauten. Was, wenn es jemand anderes war? Vielleicht ein Feind? Gerade als einer der Männer seine Zweifel äußern wollte, hörten sie Sa's Antwort aus der Dunkelheit. Ein tiefes Lächeln breitete sich auf dem Gesicht des alten Anführers aus. Er hatte es gewußt! Sie lebten. Unverzüglich brachen sie in Richtung des Rufs auf. Die kalte Luft hatte die Stimme der Frau sehr nahe erscheinen lassen, doch die Männer brauchten einige Zeit, bis sie das Lager erreichten.

Schließlich näherten sie sich dem Licht des Lagerfeuers, das vor dem Zelt errichtet worden war. Daneben standen die zwei alten Frauen, bewaffnet mit langen, scharfen, gefährlich aussehenden Speeren. Daagqq konnte ein bewunderndes Lächeln nicht verhehlen, als er die zwei alten Frauen wie zwei Krieger dastehen sah, bereit zur Verteidigung. »Wir wollen euch nichts Böses«, versicherte er ihnen.

Einen Moment lang starrten ihn die Frauen trotzig an, bis Sa' schließlich sagte: »Ich vermute, ihr kommt in Frieden. Doch warum seid ihr hier?« Der alte Fährtensucher zögerte kurz, da er nicht wußte, wie er es erklären sollte. »Der Häuptling hat mich hergeschickt, um euch zu suchen. Er glaubt, daß ihr noch am Leben seid, und hat uns aufgetragen, euch zu finden.«

»Warum?« fragte Ch'idzigyaak argwöhnisch.

»Ich weiß es nicht«, antwortete Daagqq schlicht. Und er war in der Tat überrascht, als er feststellte, daß er es nicht wußte. Was hatten der Häuptling oder er selber sich eigentlich gedacht? Was hätte eigentlich geschehen sollen, wenn sie die zwei Frauen wirklich fanden? Denn es war offensichtlich, daß die Frauen weder ihm noch den anderen Männern trauten. »Ich werde wohl zurückkehren und dem Häuptling berichten, daß wir euch gefunden haben«, sagte er. Das wußten die zwei Frauen. »Und was dann?« fragte Sa'.

Der Fährtensucher zuckte die Schultern. »Ich weiß es nicht. Aber der Häuptling wird euch beschützen, was immer auch geschieht.«

»So wie er es das letzte Mal getan hat?« fragte Ch'idzigyaak scharf.

Daagqq wußte, daß er und die Männer, wenn sie wollten, diese zwei Frauen, trotz ihrer Waffen, mit Leichtigkeit überwältigen konnten. Doch er spürte, wie seine Bewunderung wuchs, weil die Frauen bereit waren, sich allem entgegenzustellen, was sie bedrohte, und zu kämpfen. Das waren nicht mehr die Frauen, die er kannte.

»Ihr habt mein Wort«, sagte er ruhig, und die Frauen spürten die Größe dessen, was er sagte, und sie verharrten lange schweigend.

Sa' bemerkte, wie mitgenommen und müde die Männer aussahen. Selbst der Anführer, der so stolz dastand, wirkte elend. »Ihr seht müde aus«, sagte sie fast gegen ihren Willen. »Kommt herein.« Und sie geleitete sie in ihre geräumige, warme Behausung.

Die vier Männer betraten das Zelt nur zögernd,

denn sie wußten, daß sie keine willkommenen Gäste waren. Die Frauen winkten ihnen, Platz zu nehmen, und als die Männer um das warme Feuer saßen, machte Sa' sich hinter ihrem Bettzeug an der Zeltwand zu schaffen und zog einen Beutel mit Fischen hervor. Jedem der Männer reichte sie eine Portion getrockneten Fisch. Während die Männer ihren Fisch aßen, schauten sie sich um. Sie konnten erkennen, daß das Bettzeug der Frauen aus frisch verarbeitetem Kaninchenpelz bestand. Und die zwei Frauen schienen in besserem Zustand zu sein als das Volk. Wie konnte das angehen? Nachdem die Männer ihren getrockneten Fisch aufgegessen hatten, servierte Sa' ihnen heiße Kaninchenbrühe, die sie dankbar tranken.

Währenddessen saß Ch'idzigyaak etwas abseits und starrte die Jäger ziemlich unwirsch an, so daß sie sich sehr unbehaglich fühlten. Voller Erstaunen stellten die Männer fest, daß diese zwei Frauen, die da vor ihnen saßen, nicht nur lebendig, sondern auch bei bester Gesundheit waren, während sie, die stärksten Männer der Gruppe, halb verhungert waren.

Auch Sa' beobachtete die Männer beim Essen. Sie bemerkte, wie sie sich bemühten, langsam zu essen, und jetzt im Licht konnte sie an ihren mageren Gesichtern ablesen, daß sie nicht sehr gut ernährt waren. Ch'idzigyaak hatte das ebenfalls festgestellt, doch ihr Herz war verstimmt über diese unerwünschten Eindringlinge, und sie verspürte kein Mitleid. Als die Männer mit Essen fertig waren, sah

Daagqq die Frauen erwartungsvoll an. Er hoffte, sie würden etwas sagen.

Eine ganze Weile brach niemand das Schweigen. Endlich sagte Daagqq: »Der Häuptling glaubte, daß ihr noch lebt, und so schickte er uns auf die Suche nach euch.« Ch'idzigyaak stieß einen zornigen Laut aus, und als die Männer sich zu ihr wandten, warf sie ihnen einen bösen Blick zu und drehte dann ihr Gesicht weg. Sie konnte es nicht fassen, daß diese Menschen die Schamlosigkeit besaßen, sie zu suchen. Sa' mußte doch sicher merken, daß sie nichts Gutes im Sinn hatten. Sa' tätschelte ihrer Freundin jedoch tröstend die Hand, dann wandte sie sich an die Männer und sagte schlicht: »Ja, wir leben noch.«

Daagqq zuckte belustigt mit den Mundwinkeln über Ch'idzigyaaks Grimm. Sa' dagegen schien nicht wütend zu sein, deshalb vermied er Ch'idzigyaaks funkelnden Blick und sprach statt dessen mit Sa'. »Wir hungern, und die Kälte wird schlimmer. Wieder haben wir zuwenig zu essen, und wir sind in derselben Verfassung wie damals, als wir euch zurückließen. Doch wenn der Häuptling erfährt, daß ihr wohlauf seid, wird er euch bitten, in unsere Gruppe zurückzukehren. Der Häuptling und die meisten aus dem Volk fühlen genauso wie ich. Es tut uns leid, was euch angetan worden ist.«

Die Frauen verharrten sehr lange in Schweigen. Endlich sagte Sa': »Ihr werdet uns also womöglich wieder im Stich lassen, wenn wir euch am meisten brauchen?« Daagqq brauchte einige Minuten, um zu antworten, und er wünschte, der Häuptling wäre da, denn der Häuptling war erfahrener in der Beantwortung solcher Fragen.

»Ich kann nicht versprechen, daß es nicht wieder geschehen wird. In harten Zeiten werden manche Menschen bösartiger als Wölfe, und andere werden ängstlich und schwach, so wie ich, als ihr ausgesetzt wurdet.« Bei diesen letzten Worten wurde Daagqqs Stimme plötzlich sehr erregt, doch er beruhigte sich wieder und fuhr fort: »Eines kann ich euch schon jetzt sagen. Wenn es jemals wieder geschehen sollte, dann werde ich euch unter Einsatz meines Lebens beschützen, solange ich lebe.« Während er sprach, wurde Daagqq sich bewußt, daß in diesen zwei Frauen, die er einst für so hilflos und schwach gehalten hatte, eben jene innere Stärke wiedererstanden war, die ihn im vergangenen Winter verlassen hatte. Und auf seltsame Weise begriff er, daß er sich selbst nie mehr für alt und schwach halten würde. Niemals!

Die jüngeren Männer hatten schweigend dagesessen und dem Gespräch der Älteren zugehört. Nun erhob einer von ihnen jung und leidenschaftlich seine Stimme: »Auch ich will euch beschützen, wenn irgend jemand euch je wieder ein Leid zuzufügen versucht.« Alle sahen ihn überrascht an, dann versprachen seine Altersgenossen ebenfalls, die zwei Frauen zu beschützen, denn sie waren Zeugen eines wunderbaren Überlebens geworden und hatten neue Achtung vor allen Menschen gewonnen. Die Frauen spürten, wie ihre Herzen bei diesen Worten weich wurden. Trotzdem blieb ein Rest

Mißtrauen, denn wenn sie auch diesen Männern vertrauten, so waren die Frauen sich doch nicht sicher, was mit den anderen war.

Die Frauen steckten ihre Köpfe für ein kleines Gespräch unter vier Augen zusammen. »Können wir ihnen trauen?« fragte Ch'idzigyaak. Sa' schwieg einen Augenblick, dann nickte sie mit dem Kopf und sagte ruhig: »Ja.«

»Was ist mit den anderen? Was ist, wenn sie unsere Vorratslager entdecken? Glaubst du, sie werden sich beherrschen können, wenn sie all unseren Proviant entdecken? Sieh doch, wie hungrig diese Männer sind. Im vorigen Jahr haben sie uns keine Achtung erwiesen. Und jetzt bist du bereit, sie bei uns zu empfangen! Liebe Freundin, ich fürchte, sie werden uns unsere Vorräte stehlen, ob es uns gefällt oder nicht«, sagte Ch'idzigyaak. Sa' hatte schon an diese Möglichkeit gedacht, doch sie fürchtete sich nicht. Vielmehr erwiderte sie: »Wir dürfen nicht vergessen, daß sie Not leiden. Es stimmt, sie waren schnell bereit, ihr Urteil über uns zu fällen, doch nun haben wir ihnen bewiesen, daß sie unrecht taten. Wenn sie wieder genauso handeln, dann wissen wir beide, daß wir überleben können. Das haben wir uns selbst bewiesen. Nun müssen wir unseren Stolz vergessen und bedenken, daß sie leiden. Wenn schon nicht um der Erwachsenen willen, dann für die Kinder. Könntest du deinen Enkelsohn vergessen?«

Ch'idzigyaak wußte, daß Sa' wie gewöhnlich recht hatte. Nein, sie durfte nicht so egoistisch sein und ihren Enkel hungern lassen, wenn sie selber soviel zu essen besaß. Die Männer warteten geduldig, während die Frauen miteinander flüsterten.

Sa' war noch nicht fertig. Sie wußte, daß Ch'idzigyaak sich noch immer durch die Ereignisse bedroht fühlte und für die Zukunft gestärkt werden mußte. »Sie wissen noch nicht, daß wir so gut für uns selbst gesorgt haben. Doch morgen im Tageslicht werden sie es entdecken, und dann werden wir wissen, ob wir ihnen Glauben schenken können. Doch bedenke dies, meine Freundin, wenn sie uns wieder genauso behandeln sollten, werden wir es lebend überstehen. Und wenn sie aufrichtig meinen, was sie sagen, dann werden wir ihnen für härtere Zeiten vielleicht eine ständige Mahnung sein.«

Ch'idzigyaak nickte zustimmend. Für einen kurzen Augenblick hatte sie angesichts dieser Menschen wieder die alten Ängste verspürt und ihre neugewonnene Kraft vergessen. Sie blickte ihre Freundin mit großer Zärtlichkeit an. Sa' schien immer das rechte Wort zu wissen.

In jener Nacht erzählten die zwei Frauen und der alte Anführer einander Geschichten, während die jüngeren Männer in respektvollem und aufmerksamem Schweigen dabeisaßen. Der alte Mann erzählte alles, was ihnen widerfahren war, nachdem das Volk die zwei Frauen zurückgelassen hatte. Er sprach von denen, die gestorben waren. Die meisten waren Kinder gewesen. Ungeweinte Tränen glitzerten in den Augen der alten Frauen, während sie zuhörten, denn sie hatten manche dieser Menschen geliebt, und die Kinder waren ihnen die liebsten von allen gewesen. Sie konnten es kaum ertragen, sich vorzustellen, wie schrecklich die Kinder gelitten haben mußten, bevor sie so jung und so grausam starben.

Nachdem Daagqq seine Geschichte beendet hatte, erzählte Sa' ihm, wie sie überlebt hatten. Die Männer hörten mit gemischten Gefühlen zu. Was sie erzählte, klang unglaublich, und doch war ihr bloßes Vorhandensein der Beweis, daß es wahr war. Sa' achtete nicht auf den ehrfürchtigen Ausdruck in den Gesichtern der Männer. Sie fuhr mit ihrer Geschichte fort und blickte zurück auf jenes ereignisreiche Jahr, das sie und Ch'idzigyaak gemeinsam durchlebt hatten. Als sie ihre Geschichte damit beendete, daß sie ihnen von den vielen Vorratslagern berichtete, wurden ihre Besucher hellhörig.

»Als wir deine Stimme zum ersten Mal vernahmen, wußten wir, daß wir dir trauen konnten. Wir wußten ebenfalls, daß du, wenn du uns heute nacht so leicht gefunden hast, in kürzester Zeit auch unsere Nahrungsvorräte finden würdest. Deshalb erzähle ich dir jetzt davon. Wir wissen, du meinst es gut mit uns.« Sa' hatte sich direkt an Daagqq gewandt. »Doch was ist mit dem Volk? Wenn sie dazu fähig sind, uns einfach auszusetzen, dann werden sie auch nicht davor zurückschrecken, sich das zu nehmen, was unser ist. Sie werden uns wieder zu alten und schwachen Frauen erklären, die solche großen Vorratslager nicht nötig haben. Heute werfe ich ihnen nicht mehr vor, was sie uns angetan haben, denn meine Freundin und ich wissen, was Hunger aus einem Menschen machen kann. Doch wir haben hart für das, was wir besitzen, gearbeitet. Und obwohl wir wußten, daß wir beide in einem Winter gar nicht alles allein essen können, haben wir dennoch soviel gelagert. Vielleicht deshalb, weil wir ahnten, daß dies hier geschehen könnte.« Sa' machte eine Pause, um ihre Worte sorgfältig abzuwägen. Dann fügte sie hinzu: »Wir werden mit dem Volk teilen, doch wehe, es wird jemand gierig und entwendet uns unsere Nahrung! Denn wir werden bis zu unserem Tod für das kämpfen, was unser ist.«

Die Männer hörten schweigend zu, während Sa' mit starker, leidenschaftlicher Stimme sprach. Schließlich trug sie ihre Bedingungen vor: »Ihr werdet in unserem alten Lager bleiben. Wir wünschen niemanden zu sehen, außer dir« - Sa' zeigte auf Daagqq - »und den Häuptling. Wir werden euch mit Nahrung versorgen, und wir hoffen, das Volk versteht, haushälterisch damit umzugehen, da es weiß, daß härtere Zeiten kommen. Das ist alles, was wir für euch tun können.« Der Anführer nickte zustimmend und sagte mit ruhiger Stimme: »Ich werde mit dieser Botschaft zum Häuptling zurückkehren.«

Nachdem sie alles gesagt hatten, was gesagt werden mußte, luden die Frauen die Männer ein, auf der einen Seite des Zeltes zu schlafen. Zum erstenmal seit langer Zeit spürten die Frauen eine Art Erleichterung. In jenen langen Monaten hatten sie vor vielem Angst gehabt. Nun lösten sich ihre Visionen von Wölfen und anderen Räubern in nichts auf, und die Frauen fielen in einen unbeschwerten Schlaf.

Sie waren nicht mehr allein.

8

Ein neuer Anfang

Bevor die Männer am nächsten Morgen aufbrachen, packten die Frauen ihnen große Bündel mit getrocknetem Fisch ein, damit das Volk sich für seine Reise stärken konnte. Währenddessen wartete der Häuptling in großer Sorge. Er befürchtete, daß seinen Männern etwas zugestoßen war, doch immer wieder verscheuchte die Hoffnung diesen Gedanken. Als die Männer eintrafen, versammelte der Häuptling eilig seinen Rat, um mit ihm gemeinsam ihre Geschichte zu hören.

Der alte Fährtensucher berichtete der erstaunten Runde, was sie entdeckt hatten. Zum Abschluß seiner Geschichte teilte Daagqq ihnen mit, daß die Frauen ihnen nicht mehr trauten und sie nicht sehen wollten. Er nannte ihnen dann ihre Bedingungen. Nach einigen Minuten des Schweigens sagte der Häuptling: »Wir werden die Wunsche der Frauen respektieren. Jeder, der dagegen ist, hat mich zum Feind.«

Daagqq schloß sich ihm sofort an: »Die jungen

Männer und ich werden dir zur Seite stehen.« Die Ratsmitglieder, die damals für die Aussetzung der zwei alten Frauen gestimmt hatten, waren tief beschämt. »Wir haben unrecht daran getan, sie im Stich zu lassen. Das haben sie uns bewiesen. Nun wollen wir sie mit unserer Ehrerbietung entschädigen.«

Der Häuptling verkündete allen die Neuigkeit, und das Volk war mit den Regeln, die die zwei Frauen aufgestellt hatten, einverstanden. Der nahrhafte, getrocknete Fisch verlieh ihnen allen neue Kräfte, und sie begannen zu packen, denn sie konnten es kaum erwarten, die beiden Frauen zu sehen. In dieser Zeit großer Not und Entbehrung erfüllte die Nachricht vom Überleben der beiden das Volk mit neuer Hoffnung und mit Ehrfurcht.

Ch'idzigyaaks Tochter Ozhii Nelii weinte, als sie die Geschichte hörte. Sie hatte geglaubt, ihre Mutter sei tot, und trotz ihrer überwältigenden Erleichterung wußte sie, daß ihre Mutter ihr niemals vergeben würde. Shruh Zhuu war außer sich vor Begeisterung. Kaum hatte er die Neuigkeit vernommen, da packte er schon seine Sachen und war bereit zum Aufbruch.

Die Gruppe brauchte eine beträchtliche Zeit, bis sie endlich das Lager mit den entrindeten Birken erreichte. Der Häuptling und Daagqq waren vorausgegangen, um die zwei Frauen aufzusuchen. Und als sie beim Lager der beiden ankamen, mußte der Häuptling sich zusammennehmen, um sie nicht zu umarmen. Die Frauen beäugten ihn mißtrauisch, und so setzten sie sich statt dessen lieber zu einem

Gespräch nieder. Die Frauen teilten dem Häuptling mit, was sie von dem Volk erwarteten. Er antwortete ihnen, indem er versprach, man werde ihren Wünschen Folge leisten. »Wir werden euch genügend zu essen für das Volk mitgeben, und wenn es zur Neige geht, werden wir euch noch mehr geben. Wir werden euch nur kleine Portionen auf einmal überreichen«, sagte Sa' zu dem Häuptling, und der nickte beinahe demütig mit dem Kopf.

Es dauerte noch einen weiteren Tag, bis die Gruppe den Häuptling und seine Männer eingeholt hatte. Kaum waren sie bei dem Lager angelangt, luden sie ihr Gepäck ab und errichteten ihre Zelte. Dann erschienen der Häuptling und seine Männer mit Bündeln von getrocknetem Fisch und Kaninchenfellkleidung. Daagqq hatte kühn auf den jämmerlichen Bekleidungszustand der Gruppe hingewiesen, als er die große Auswahl an Kaninchenfellausrüstung entdeckte. Die Frauen wußten, daß sie nicht alle Fäustlinge, Gesichtsmasken, Decken und Jacken brauchen würden, die sie in ihrer freien Zeit genäht hatten, und so fühlten sie sich verpflichtet, ihren Besitz mit denen zu teilen, die ihn nötig hatten. Nachdem das Volk sich in seinem neuen Lager eingerichtet hatte und die Mägen der Menschen nicht mehr nach Nahrung schrien, wurden sie neugierig auf die zwei alten Frauen. Doch es war ihnen untersagt, sich in die Nähe jenes Lagers zu begeben.

Es nahten die kalten Tage, und sie dauerten lange. Das Volk ging sehr sparsam mit der Verpflegung um, die die alten Frauen ihnen zuteilten.

Dann erlegten die Jäger einen großen Elch und schleppten ihn viele Meilen bis zum Lager zurück, wo alle über dieses Glück frohlockten.

Während dieser ganzen Zeit wechselten der Häuptling und der alte Fährtensucher einander täglich mit ihren Besuchen bei den Frauen ab. Als deutlich wurde, daß die zwei Frauen ebenfalls Neugier auf das Volk verspürten, bat der Häuptling auch um Besuchserlaubnis für die anderen. Ch'idzigyaak sagte sofort nein, denn sie besaß den größeren Stolz. Doch später sprachen die zwei Frauen darüber und gestanden einander, daß sie bereit für Besucher waren. Das galt besonders für Ch'idzigyaak, die ihre Familie schrecklich vermißte. Als der Häuptling am nächsten Tag erschien, teilten die beiden Frauen ihm ihren Entschluß mit, und bald schon kamen die ersten Besucher. Anfangs verhielten sie sich scheu und unsicher. Doch nach wenigen Begegnungen fiel ihnen das Reden leichter, und es dauerte nicht lange, da konnte man aus dem Innern des Zeltes Lachen und fröhliches Schwatzen hören. Die Besucher brachten jedesmal Elchfleisch und Tierfelle als Geschenke mit, und die Frauen nahmen alles dankbar an.

Ganz allmählich besserte sich das Verhältnis zwischen dem Volk und den zwei Frauen. Beide Seiten lernten, daß in Notzeiten etwas aus den Menschen hervorbrechen kann, wovon sie nichts gewußt hatten. Das Volk hatte sich selbst für stark gehalten, doch es war schwach gewesen. Und die zwei Alten, die ihnen als die Schwächsten und Hilflosesten er-

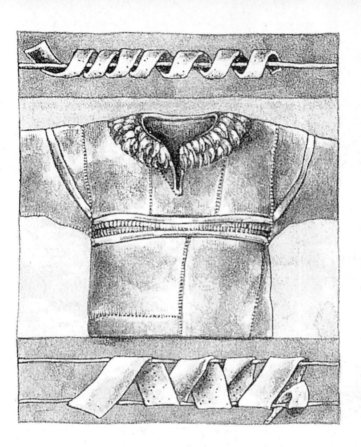

schienen waren, hatten sich als stark erwiesen. Da begann das Volk die Gemeinschaft der zwei Frauen zu suchen, um Rat zu erbitten und neue Dinge zu lernen. Die Menschen begriffen nun, daß die zwei Frauen, so lange, wie sie schon lebten, gewiß mehr Dinge wußten, als das Volk für möglich gehalten hatte.

Täglich kamen und gingen die Besucher. Und lange, nachdem sie sich verabschiedet hatten, stand Ch'idzigyaak noch da und schaute ihnen nach. Sa' beobachtete sie und fühlte Mitleid für ihre Freundin, denn sie wußte, daß Ch'idzigyaak auf ihre Tochter und ihren Enkelsohn wartete, doch sie kamen nicht. Ch'idzigyaak hegte die stille Furcht, daß ihnen etwas Schlimmes widerfahren war und daß das Volk es ihr nicht sagen wollte. Doch aus Angst fragte sie nicht.

Eines Tages, als Ch'idzigyaak gerade Holz sammelte, sagte eine freundliche Stimme hinter ihr: »Ich bin wegen meines Beils gekommen.« Ch'idzigyaak richtete sich langsam auf, und das Holz fiel unbeachtet zu Boden, als sie sich umwandte. Sie starrten einander an, fast so, als befänden sie sich in einem Traum und könnten nicht glauben, was sie sahen. Mit tränennassen Gesichtern schauten Ch'idzigyaak und ihr Enkel einander glücklich an. Worte waren in diesem Augenblick nicht nötig. Dann zögerte Ch'idzigyaak nicht länger und machte eine Bewegung, um diesen jungen Burschen, den sie liebte, zu umarmen.

Sa' stand in der Nähe und sah lächelnd dem

glücklichen Wiedersehen zu. Als der Junge sich umschaute, entdeckte er sie, ging auf sie zu und drückte sie zärtlich. Sa' schwoll das Herz vor lauter Zuneigung und Stolz auf diesen jungen Menschen.

Doch noch machte Ch'idzigyaak sich Sorgen wegen ihrer Tochter. Trotz allem, was geschehen war, sehnte sie sich nach ihrem eigen Fleisch und Blut. Als gute Beobachterin wußte Sa', daß das der Grund war, weswegen ihre Freundin inmitten all ihres neuen Glücks so traurig war. Nach dem Besuch des Enkels nahm Sa' ihre Freundin jeden Tag von neuem bei der Hand. »Sie wird kommen«, sagte sie schlicht, und Ch'idzigyaak nickte mit dem Kopf, obwohl sie es nicht recht glauben konnte.

Der Winter war fast vorüber. Ein gut ausgetretener Pfad verband inzwischen die beiden Lager. Das Volk konnte gar nicht genug bekommen vom Umgang mit den Frauen, und es waren vor allem die Kinder, die viele Stunden lachend und spielend im Lager verbrachten, während die alten Frauen vor ihrer Behausung saßen und zuschauten. Sie waren dankbar dafür, daß sie dies noch erleben durften. Sie nahmen keinen Tag mehr für selbstverständlich.

Der junge Enkelsohn kam jeden Tag. So wie früher half er den beiden Alten bei ihrer täglichen Arbeit und lauschte ihren Geschichten. Eines Tages konnte es die Ältere nicht mehr aushalten und fand endlich den Mut zu fragen: »Wo ist meine Tochter? Warum kommt sie nicht?« Der Junge gab eine ehrliche Antwort. »Sie schämt sich, Großmutter. Sie glaubt, daß du sie haßt seit jenem Tag, da sie dir den Rücken kehrte. Sie hat seit unserem Aufbruch damals jeden Tag geweint«, sagte der Junge und legte einen Arm um sie. »Ich mache mir Sorgen um sie, der Schmerz läßt sie vor der Zeit altern.«

Ch'idzigyaak hörte zu, und ihr Herz eilte ihrer Tochter entgegen. Ja, sie war sehr zornig gewesen. Welche Mutter wäre das nicht? All die Jahre hatte sie ihre Tochter zur Stärke angehalten, nur um dann zu erleben, daß ihre Erziehung vergeblich gewesen war. Doch, so dachte Ch'idzigyaak bei sich selber, sie konnte ihre Tochter nicht für alles verantwortlich machen. Schließlich waren die anderen auch beteiligt gewesen. Und ihre Tochter hatte aus Angst geschwiegen. Sie hatte gleichzeitig um das Leben ihres Sohnes und das ihrer Mutter gebangt. Und immerhin mußte Ch'idzigyaak zugeben, daß ihre Tochter so mutig gewesen war, den zwei Frauen ein Bündel Babiche zu hinterlassen. Die anderen hätten es gewiß für tollkühne Verschwendung gehalten, den zwei alten, todgeweihten Frauen solch kostbaren Schatz zu überlassen.

Ja, sie konnte ihrer Tochter vergeben. Sie konnte ihr sogar dankbar sein, denn ohne das Bündel Babiche hätten sie womöglich gar nicht überlebt. Ch'idzigyaak unterbrach sich bei ihren Gedanken, als sie bemerkte, daß ihr Enkel eine Antwort erwartete. Sie legte einen Arm um ihn, klopfte ihm liebevoll auf die Schulter und sagte: »Mein Enkelsohn, richte du meiner Tochter aus, daß ich sie nicht hasse.« Erleichterung spiegelte sich im Gesicht des Jungen, denn monatelang hatte er sich um seine

Mutter und seine Großmutter gesorgt. Nun war alles fast wieder so wie früher. Eine weitere Ermunterung brauchte er nicht. Und so umarmte der Junge seine Großmutter überschwenglich und stürmte dann aus dem Zelt, um den ganzen Weg nach Hause im Dauerlauf zurückzulegen.

Er erreichte das Lager völlig außer Atem. Als er seiner Mutter über den Weg lief, keuchte der Junge: »Mutter! Großmutter wünscht dich zu sehen! Sie hat mir gesagt, daß sie keinen Groll mehr gegen dich hegt!« Ozhii Nelii war wie betäubt. Das hatte sie nicht erwartet, und für einen Moment wurden ihr die Beine so schwach, daß sie sich setzen mußte. Sie zitterte am ganzen Leib, dann sah sie ihren Sohn an. »Ist das wahr?« fragte sie.

»Ja«, antwortete Shruh Zhuu, und seine Mutter erkannte, daß er die Wahrheit sagte.

Anfangs scheute sie sich vor dem Gang, denn sie fühlte sich immer noch schuldig. Doch die sanfte Hartnäckigkeit ihres Sohnes ließ sie so viel Mut fassen, daß sie sich schließlich gemeinsam mit ihm auf den langen Weg zum Lager ihrer Mutter machte. Als sie dort ankamen, standen die beiden alten Frauen vor ihrem Zelt und unterhielten sich. Sa' entdeckte die Besucher als erste, darauf wandte Ch'idzigyaak ihren Kopf, um zu sehen, weshalb Sa' schwieg. Als sie ihre Tochter erkannte, öffnete sie ihren Mund, doch kein Wort kam heraus. Statt dessen starrten die Frauen einander an, bis Ch'idzigyaak schließlich auf Ozhii Nelii zuging und sie mit Tränen in den Augen fest umarmte. Alles, was zwischen ihnen gestanden hatte, schien sich mit dieser Berührung in Luft aufzulösen.

Sa' hatte ihren Arm um Shruh Zhuu geschlungen und sah mit feuchten Augen zu, wie Mutter und Tochter jene Liebe zueinander wiederentdeckten, von der sie geglaubt hatten, sie sei für ewig verloren. Dann wandte Ch'idzigyaak sich um, ging ins Zelt und kam mit einem kleinen Bündel zurück, das sie ihrer Tochter in die Hand drückte. Ozhii Nelii sah, daß es Babiche war. Und sie begriff nicht, bis Ch'idzigyaak sich zu ihr beugte und ihr etwas ins Ohr flüsterte. Für einen Moment sah Ozhii Nelii verdutzt aus, dann begann auch sie zu lächeln. Wieder fielen die Frauen einander in die Arme und küßten sich.

Nachdem nun alle wieder miteinander vereint waren, verlieh der Häuptling den beiden Frauen Ehrenpositionen in der Gruppe. Anfangs wollte jeder den beiden Alten helfen, wo er nur konnte, doch den Frauen war an soviel Beistand gar nicht gelegen, denn sie genossen ihre neugewonnene Unabhängigkeit. Und so erwies das Volk ihnen seine Ehrerbietung, indem es auf das hörte, was sie zu sagen hatten.

Es folgten noch manch bittere Zeiten der Not, denn im kalten Land des Nordens kann es gar nicht anders sein. Doch das Volk hielt sein Versprechen. Nie wieder ließ die Gruppe irgendeines ihrer alten Mitglieder im Stich. Sie hatten eine Lektion erhalten, und das von zwei Menschen, die sie fortan zu lieben und zu umsorgen lernten, bis jede von ihnen als wahrhaft glückliche alte Frau starb.

Über das Volk der Gwich'in

Das Volk, über das Velma Wallis in *Zwei alte Frauen* schreibt, gehört zu der Gwich'in-Gruppe, einem der elf Athabaska-Stämme in Alaska. Die Gwich'in leben im westlichen Teil des Staates, in den Flußgebieten des Yukon, des Porcupine und des Tanana.

Auch wenn jede Gruppe ihren eigenen Dialekt besitzt, so können viele der Athabaska-Stämme Alaskas nicht nur die Sprachen der anderen Gruppen verstehen, sondern sie haben auch gemeinsame Sprachwurzeln mit den Navajo- und den Apachenstämmen. Man vermutet, daß sie alle ihren Ursprung in Asien haben, von wo sie in der frühen Eiszeit über Ostsibirien nach Alaska kamen.

Die Athabaska-Stämme verteilen sich über das Festland von Alaska, und die meisten sind von den Küsten landeinwärts gewandert. Diejenigen, deren Heimat die großen Flußläufe sind, leben von den jährlichen Lachswanderungen, während die Stämme weiter im Inland – sowie die Gwich'in – vorwiegend von Großwild wie Elchen und Karibus leben, aber auch von kleinen Tieren wie Kaninchen und Eichhörnchen.

Ursprünglich besaß jede der Athabaska-Gruppen

Alaskas ihr eigenes traditionelles Territorium. Die Jäger jeder Gruppe kannten ihr jeweiliges Gebiet gut, unter anderem deshalb, weil es als gefährlich galt, durch das Territorium anderer Gruppen zu ziehen. In jedem Territorium waren die Jagd- und Fischregionen der Gruppe genau festgelegt. Übergriffe in fremde Gebiete waren selten, und wenn sie doch geschahen, so hatte das gewöhnlich kriegerische Folgen.

Die Beweglichkeit der Athabaska-Stämme hatte unmittelbar mit ihrer Lebensweise zu tun. Sie folgten ihrer Nahrung, denn sie konnten es sich nicht leisten, herumzusitzen und darauf zu warten, daß die Nahrung zu ihnen kam; solche Bequemlichkeit konnte zu Hunger und Tod führen. Also zogen sie umher, errichteten ihre Lager an Orten, die, der Jahreszeit entsprechend, erfahrungsgemäß reiche Beute an Wild und Fischen versprachen.

Immer wieder waren die Athabaska-Stämme Hungerzeiten ausgesetzt, da das Land ihnen nicht genügend Nahrung zur Verfügung stellte. Wenn der Hungertod auch keine tägliche Bedrohung für sie bildete, so gehörte er doch zu den wohlvertrauten Tatsachen des Lebens. Die Menschen arbeiteten hart. Die Wälder des Nordens waren kein leichter Ort, um zu überleben. Und das Leben bestand aus vielen Aufgaben und Pflichten. Wurden sie nicht erledigt, so konnte das zur Katastrophe führen.

Um 1900 herum begannen die Athabaska-Stämme, seßhafter zu werden, und ließen sich in festen Lagern oder Dörfern nieder. Das hatte verschiedenste Gründe – die Dezimierung der Bevölkerung durch Krankheiten, ihre Beteiligung am Pelzhandel, der leichtere Zugang zu den Handelsposten und später auch die allgemeine Schulpflicht gehörten dazu. Selbst heute noch, da viele von ihnen von Lohnarbeit leben und aktiver Teil der Marktwirtschaft sind, bildet die Subsistenzwirtschaft – des Leben von dem, was die Erde zur Verfügung stellt – einen wichtigen Faktor im Leben der meisten Athabaska-Stämme Alaskas.

Nachwort der Herausgeberin

Über viele Jahre hinweg hatte ich in fast jedem Athabaska-Dorf am Yukon-Fluß die Legende von den zwei alten Frauen gehört. Doch nie hatte ich weiter darüber nachgedacht, bis Velma Wallis' eindrucksvolles Manuskript die Geschichte zum Leben erweckte.

Viel zu häufig wird das Leben in der Natur romantisch verklärt, in *Zwei alte Frauen* beschreibt Wallis es, wie es wirklich ist. Mag ein Jäger oder ein Fischer auch noch so geschickt sein, das Subsistenzleben bleibt ein Glücksspiel. Die kleinste Laune der Natur - wie zum Beispiel das Ausbleiben einer Lachswanderung, ein früher Frost, der eine ganze Generation von Zugvögeln tötet, oder überreichlicher Schnee, der die Elchpopulation dezimiert -, all das kann Tod durch Verhungern bedeuten.

Wallis und die, deren Erfahrungen sie beschreibt, haben dort gelebt. Sie haben Forschung mit dem Magen betrieben.

Wallis wurde 1960 in einer Familie mit dreizehn Kindern geboren und wuchs nach alter Athabaska-Tradition in einem Dorf bei Fort Yukon auf. Der Ort liegt am Zusammenfluß von Yukon und Porcupine, etwa 140 Meilen nordöstlich von Fairbanks und wenige Meilen vom Polarkreis entfernt. Während einer schlimmen Kälteperiode, ähnlich der, wie sie die *Zwei alte Frauen* erleben, hatte Wallis' Großmutter, die damals dreizehn war, weiter flußabwärts in der Circle-City-Gegend eine Hungersnot überlebt, die nicht nur das Leben ihrer Mutter, ihres Vaters und mehrerer Geschwister gefordert hatte, sondern auch das vieler anderer ihrer Gruppe, die von dem lebten, was die Erde bot. Wallis' Großmutter und eine Tante flohen aus der Gegend und kämpften sich bis Chalkyitsik durch, einem saisonabhängigen Fischerlager, und wurden dort von einem Schamanen aufgenommen.

Wallis selber war ebenfalls dreizehn, als ihr Vater starb. Sie verließ die Schule, um ihrer Mutter beim Aufziehen der fünf jüngeren Geschwister zu helfen. Das war eine harte Erfahrung für sie, doch es vertiefte auch die Bindung zwischen Wallis und ihrer Mutter, die noch die Gwich'in-Sprache spricht.

Als ihre Geschwister groß waren, bestand Wallis eine Prüfung, die dem staatlichen High-School-Abschluß entspricht, beschloß dann aber, in eine einsame Trapperhütte, zwölf Meilen von Fort Yukon entfernt, zu ziehen. Ihre Erfahrungen draußen in der Natur waren begrenzt, aber immerhin schaffte sie es, den ersten Winter dort ziemlich allein zu überstehen. Und in den fast zwölf Jahren, die sie in der Trapperhütte lebte, erwarb sie sich großes Geschick darin, von dem zu leben, was das Land bot.

Trotzdem behielt Wallis auch einen Fuß im 20. Jahrhundert, wanderte gelegentlich nach Fort Yukon und schrieb dort auf einem geliehenen Computer ihren ersten Entwurf zu den *Zwei alten Frauen*.

1989 schickte sie ihr Manuskript an die Epicenter Press. Dem Verlag, der gerade erst ein Jahr alt war, fehlte allerdings das Geld zur Veröffentlichung dieses Buches, auch wenn er fest davon überzeugt war, daß es gedruckt werden sollte. Also machte ich, ohne Wallis davon in Kenntnis zu setzen, die Runde bei Indianer-Hilfsorganisationen, in der Hoffnung, sie würden mir Geld für das Projekt leihen oder spenden. Ich traf überall auf Ablehnung. Wallis war ein Niemand, ohne den mächtigen Rückhalt von Indianerverbänden. Außerdem war sie eine Frau, und die Entscheidungsträger dort waren Männer. Alle fanden, daß Wallis eine durchaus vielversprechende junge Schriftstellerin war. Das Problem war nur, daß die Geschichte, die sie erzählt, die düsteren sozialen Auswirkungen des Hungers leider allzu realistisch beschreibt.

»Das wirft kein gutes Licht auf das Athabaska-Volk«, erklärte mir ein Indianerführer unumwunden. »Wenn Sie das Buch veröffentlichen, steht das Athabaska-Volk nicht gut da.« Das Projekt versickerte. Ich erklärte Wallis den Stand der Dinge, und sie wußte, wovon die Rede war. Sie hatte dasselbe mit Athabaska-Leuten in Fort Yukon erlebt. »Manchmal fühle ich mich wie Salman Rushdie – entschieden unerwünscht«, sagte sie.

Sechs Monate später fragte mich Marilyn Savage, eine athabaskische Studentin aus Fort Yukon, in einem Schreibseminar, das ich an der Universität von Alaska in Fairbanks gab, nach dem Manuskript. »Was ist eigentlich aus Velmas Buch geworden?« wollte sie wissen.

Ich beschrieb die Hindernisse, und meine Schreibgruppe wurde ganz still. Dann sagte ich, eher zu mir selber: »Ehrlich gesagt wäre ich gerne bereit, zweihundert Dollar aus meiner eigenen Tasche zu zahlen, nur damit das Buch gedruckt wird.«

»Ich auch!« erklärte Savage. »Und ich auch«, echoten alle anderen im Seminar.

»Genau so sind Bücher doch ursprünglich entstanden, durch Subskription nämlich«, erinnerte uns der Student Steve Rice. Und auf der Stelle beschlossen wir, uns an die Arbeit zu machen. Subskriptionen würden das Geldproblem lösen und uns die politischen Klippen umschiffen helfen, besonders dann, wenn wir eine Erklärung anfügten, die den Kontext der Geschichte darstellte. Die Nachricht verbreitete sich schnell, und bald darauf hatten wir den Fonds der ›Freunde von Velma Wallis‹ gegründet. Wir hatten schon mehr als zweitausend Dollar zusammenbekommen, als schließlich die Epicenter Press selbst in der Lage war, das Projekt aus eigenen Mitteln zu finanzieren. Es ist allerdings zweifelhaft, ob das Buch ohne die ursprüngliche Unterstützung der Wallis-›Subskribenten‹ gedruckt worden wäre. Anfang 1992 flog Wallis von

Fort Yukon nach Fairbanks zu ihrem ersten Autorentreffen mit der Verlegerin. Und sie trat mit einer angenehmen Bescheidenheit auf, die sie mir sofort sympathisch machte. Sie war ruhig – nicht schüchtern, sie überlegte sich nur ihre Worte sehr sorgfältig. Englisch war ihre Muttersprache, aber sie sprach es mit jenem leicht gedehnten Akzent, der die Athabaska-Dialekte so liebenswürdig macht. Und so war sie auch selbst. Mit dreißig hatte sie sich zum erstenmal verliebt und hoffte nun auf ein Kind. Das endgültige Manuskript und Velma Wallis' Tochter Laura Brianne erblickten ziemlich gleichzeitig das Licht der Welt. Laura Brianne wurde mit einer leichten Gelbsucht geboren – die schnell geheilt war. Und das Manuskript hatte nur einen winzigen Mangel.

»Habe ich Ihnen von den Kommas erzählt?« hatte die Autorin gefragt, nachdem sie sich ein wenig freier im Umgang mit ihrer Verlegerin fühlte. »Obwohl ich mein GED-Examen besitze, habe ich seit jeher Schwierigkeiten mit Kommas. Ich weiß, daß sie in den meisten Sätzen vorkommen, aber ich weiß nicht, wo ich sie hintun soll, also habe ich erst die ganze Geschichte geschrieben und sie dann darübergesprenkelt. Schließlich sagte mein Bruder Barry zu mir: ›Warum läßt du sie nicht alle weg, Velma, bis du es begriffen hast – vielleicht hilft dir ja jemand dabei!‹«

Dieses Bild, wie Velma Wallis mit einem Pfefferstreuer voller Kommas ihre Geschichte würzt, bringt mich noch immer zum Lachen. In ihrem nächsten Buch wird sie die Geschichte ihrer athabaskischen Kindheit erzählen. Womöglich braucht sie dann keine Hilfe mehr, doch wir würden liebend gern alle Kommas für Wallis setzen, nur um in den Genuß ihrer Geschichten zu kommen.

LAEL MORGAN

Widmung

Dieses Buch ist all den vielen älteren Menschen gewidmet, die mich mit ihrer Weisheit, ihren Kenntnissen und ihrer Einzigartigkeit beeindruckt haben:

Mae P. Wallis, Maryr Hardy, Dorothy Earls, Sarah Gottchalk, Ida Neyhart, Patricia Peters, Edison Peters, Helen Reed, Moses Peter, Martha Wallis, Louise Paul, Minnie Salmon, Lilly Herbert, David und Sarah Salmon, Sampson und Minnie Peter, Herbert und Louise Peter, Stanly und Rosalie Joseph, Margaret John, Paul und Margeret Williams, Leah Roberts, Natalie Erick, Danial Horace, Titus Peter, Solomon und Martha Flitt, Doris Ward, Amos Kelly, Margaret Kelly, Maggie Beach, Sarah Alexander, Peter und Nina (Chidzigyaak) Joseph, Paul und Agnes James, Mariah Collins, David Collins, Mary Thompson, Sophie Williams, Elijah John, Jemcmiah Fields, Ike Fields Sr., Joe und Margert Carroll, Myra Francis, Blanche Strom, Arthur und Annie James, Elliot und Lucy Johnson, Elliot und Virginia Johnson ll,

Harry und Jessie Carroll, Margaret Cadzow, Henry und Jennie Williams, Issac und Sarah John, Charlotte Douthit, Ruth Gjesdal, Randall Baalam,

Harold und Ester Petersen, Vladimer und Nina Petersen, Adie Shewfelt, Stanley und Madeline Jonas, Jonathon und Hannah Solomon, Esah und Delia Williams, Margie Englishoe, Jessie Luke, Julia Peter, Jacob Flitt, Danial und Nina Flitt, Clara Gundrum, Jessie Williams, Sarah W. John, Mary Simple, Ellen Henry, Silas John, Dan Frank, Maggie Roberts, Nina Roberts, Abraham und Annie Christian, Paul und Julia Tritt, Agnes Peter, Charlie Peter, Neil und Sarah Henry, Mardow Solomon,

Archie und Louise Juneby, Harry und Bessie David, Margaret Roberts, John Stevens, Steven und Sarah Henry, Abel Tritt, Moses und Jenne Sam, Mary John, Martha James, Alice Peter, Nathanial und Annie Frank, Fred und Charlotte Thomas, Alice Peter, Nathanial und Annie Frank, Fred und Charlotte Thomas, Richard und Eva Carroll, Elsie Pitka, Richard und Helen Martin, Paul Gabrial, Grafton Gabrial, Barbara Solomon, Sabastian McGinty, Simon und Bella Francis, Mary Jane Alexander und Onkel Lee Henry.

Stefanie Zweig

Stefanie Zweigs autobiographische Romane wurden zu Bestsellern.

»Eine literarische Liebeserklärung – vor tragischem Hintergrund.«
HAMBURGER ABENDBLATT

»Der Background wird ausgezeichnet dargestellt... Stefanie Zweig beobachtete sehr genau.«
SÜDDEUTSCHE ZEITUNG

Nirgendwo in Afrika
01/10261

Irgendwo in Deutschland
01/10590

Katze fürs Leben
01/10980

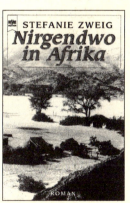

01/10261

HEYNE-TASCHENBÜCHER

SCHÖNE BÜCHER
ZUM VERSCHENKEN

Kate Atkinson
Familienalbum
01/13376

Sigrid Damm
Cornelia Goethe
01/13367

Barbara Erskine
Der Fluch von Belheddon Hall
01/13371

Renate Feyl
Die profanen Stunden des Glücks
01/13374

Mary Higgins Clark
Nimm dich in acht
01/13370

Marian Keyes
Wassermelone
01/13375

Andreï Makine
Das französische Testament
01/13365

Julia Wallis Martin
Das steinerne Bildnis
01/13366

Kai Meyer
Die Alchimistin
01/13372

Nora Roberts
Der weite Himmel
01/13369

Velma Wallis
Zwei alte Frauen
01/13368

Stephanie Zweig
Nirgendwo in Afrika
01/13373

01/13372

HEYNE TASCHENBÜCHER